Donald J.Trump   Meredith McIver

〔美〕唐纳德·特朗普 梅瑞迪丝·麦基沃 著
蒋旭峰 刘佳 译

永不放弃
——特朗普自述

NEVER GIVE UP
How I Turned My Biggest
Challenges into Success

上海译文出版社

献辞

献给我的父母弗雷德和玛丽·特朗普

致　谢

　　和特朗普集团的团队合作总是让我感到很愉悦，这其中包括我的首席助理罗拉·格拉夫、本书的合著者梅瑞迪丝·麦基沃，以及负责协调书中照片的凯西·肯尼迪。你们的努力和高效率的工作让我感觉轻松了许多，我很感谢你们的帮助。我也想向特朗普集团其他提供过帮助的人士表示感谢，包括艾伦·维斯尔伯格、伊万卡·特朗普、安迪·威尔斯、乔治·索莱尔和杰夫·麦科尼，我很感谢你们执著的投入。我还要特别感谢贝洛克公司（Bayrock Group）的朱利亚斯·斯沃茨以及吉姆·法齐奥。

　　我还要感谢特朗普大学的团队，我同你们的这次合作就像第一次写作《商机王牌：赢之根本》（Trump 101：The Way to Success）一样愉快。我要感谢迈克尔·塞克斯顿以及他率领的团队的杰出表现。

　　我还要感谢约翰·威利国际出版公司的资深编辑理查德·拉雷莫尔和出版经理马里安·帕莫尔-舍曼一直以来的出色表现。同时还要感谢本书的封面设计者迈克·弗里兰德。

唐纳德·特朗普

引　言

当我听到"不行"这个说法时，头脑里在想些什么？

本书讲述的是时常萦绕我心头的一个话题——永不放弃。在这方面我有过很多经历，因而觉得自己能够谈出一些心得体会。我已经出版过好几本书了，我现在也不缺钱，但我还是由衷地觉得这是值得投入时间去好好写作的一个话题。

我第一次听到很多人说"不行"是在上个世纪 70 年代，当年我刚开始在曼哈顿创业。那时候，真的是所有人都觉得房地产业进入了萧条期，连那些房地产界的大亨们都觉得情势不妙。他们的判断也没有错，当时的房地产市场确实增速放缓了，这一点是毋庸置疑的。更糟糕的是，很多人煞有介事地说纽约市政府可能会破产。后来，联邦政府又暂停了对购房者的补助。本来纽约市还能得到大笔补助，突然这项资金支持就断流了。

如果我头脑中想的都是这些凄云惨雾的事实，那么我就不会迈开步子大胆进军房地产市场了。但我是明知山有虎，偏向虎山行了。为什么？因为当我听到别人说"不行"时，这不啻是对我的一种挑战。我相信所谓的不可能其实往往都是有可能的，只要你愿意努力去打拼，只要你相信困难是可以转化成为机遇的。纽约市的房地产行业确实遇到了问题，但或许我能为解决这些问题贡献一份力量。

这种百折不挠的态度能够给你注入战无不胜的信念，并能帮你最终战胜种种艰难险阻。我希望通过阅读本书，你也能做到这一点。

我这一路走来，意识到其实每个项目都有其独特的挑战，我也学会了该如何去预测这样的挑战。这样一来，当挑战来临时，我并不会因为惊慌而乱步，因为我已经作好了充分准备。这也是我写作《永不放弃》一书的另一个原因，我希望你能够胸有成竹地面对你将遇到的困难局面。我们彼此的背景都有很大的差异，但是通过阅读很多人的作品和历史读物我也学会了很多，知道该如何学以致用。我希望你也能做到这一点，希望你能够从我所遇到的困难和经历中汲取营养，在预测危机和解决危机方面做得比我更出色。我也想提醒大家，我的看法是，问题越严重，往往你取得巨大成就的几率反而越大。

人生教会了我一点，那就是不要长时间地陷于消极沮丧的状态。你有些不如意或是想抱怨几分钟，这都是人之常情，谁都可以理解。我如果遇到困难，就喜欢出去打打高尔夫球或是干脆在办公室里挥上一杆。但是，我们不应该长时间地笼罩在消极情绪之中。诚然，做到这一点绝非易事，但是我们还是可以逐步培养起一种积极乐观的心态，你们在之后的章节里也会看到我是如何应对种种巨大的困难的。很多事情往往是因为你过于情绪化了，所以会让你变得抓狂，其实面对它们的时候既不要感到猝不及防，也不要把它们看成是难以逾越的高山峻岭，要学会冷静客观地看待它们。你在本书中也会看到我是怎样学会这一技巧的。

对自己充满信心正是百折不挠和藐视困难的关键所在。本书就是要为你注入一种豪迈的信心、高超的能力和不变的雄心，那就是要永不放弃！

期待在成功人士的聚会上见到你。

唐纳德·特朗普

目 录

1

人生的最低谷以及我是如何抗争的

——数十亿美元的亏空无底洞

如果周围每个人都告诉你玩完了，你该怎么办？我在90年代早期有过这样一次华丽的财务状况大转身，我还为此上了《吉尼斯世界纪录》，成为历史上最成功的财务转型案例。我并不鼓励别人也设定同我一样的目标，但是当你深陷财务危机时，你解决问题的心态对于别人或许也是大有裨益的。

很多人都认为，我之所以在商界扬名，除了真人秀节目《飞黄腾达》(The Apprentice)展现了我在商场的运营之道外，还有我面对种种艰难险阻的表现。其实每个人都会遭遇困难，区别或许只是我们遭遇困难的次数罢了。我想表明的观点是，其实每个人都难免会遭遇风雨，很少有人能够一辈子都不跌跟头。有一位作家在描述人生旅程时曾经说过："此地无人生还。"这话说得有些悲凉，但是如果你曾经负债几十亿美元的话，那么你或许会换一种新的角度去看问题。

我在90年代初期的情况并不乐观，我有几十亿美元的贷款没能偿还。在这些债务中，有9.75亿美元是我自己担保的，有些人觉得我说不定哪天就破产了。这种进退维谷的局面其实并不让人感到意外，因为我在生意上经常会有大手笔，因此荣光过后麻烦缠身也没有什么值得奇怪的。不过，这一次我真的是背水一战了。银行在向我追款，人们躲我就像躲瘟神一样。美国经济陷入了萧条期，房地产业市况惨淡，这时候没人看好我还能翻身。

1991年3月的某一天，《华尔街日报》和《纽约时报》竟然同时在头版刊登文章，细致地描述了我身陷困境的细节以及随时可能会发生的财务危机。广播电台也在播出这样的节目，我的房产帝国摇摇欲坠的消息已经在全世界都传开了。好多人都以为我肯定是玩完了，如果换作别人，那还真有可能成就一段商界悲剧，不过让这些人大跌眼镜的这个人是我。

这是我人生中最低谷的时期，我办公室里的电话一声都不响，换在以前这根本难以想象。实际上，我突然有了很多安静的时间去思考，刚好可以去客观地看待自己眼下的困境。在思考中我幡然醒悟，让我深陷泥沼的一个原因就在于我没能保持冷静的头脑，看到媒体夸奖我有点石成金的能耐就有些飘飘然了。换而言之，我被胜利冲昏了头脑，其实驾驭妥当，我并非一定会深陷这种泥潭。

不过，我的词典里从来就没有"放弃"这个词，连放弃的念头压根都没在我头脑中闪现过，我想这也是为什么我让很多批评我的人最后都闭上了嘴。他们想要攻击我，但这种攻击适得其反，反而让我更想东山再起，而且要再创辉煌。我知道只要自己坚持到底、誓不言败、不服输也不放弃，就能证明他们的奚落是错误的。在这段时期，我变得更加坚强。我并不是让你也去主动承受同样的压力，而是想让你知道如果遇到一些困难，永不放弃或许是你的上上策。

是什么铸就了我的这种韧劲？其实我自己也说不清，但是被世界各地的媒体当成"过气富翁"或是"洗碗布"一样来对待，这肯定激发起了我的斗志。我也知道有些问题如果换个角度来看就是很好的机遇。不管你相不相信，我把自己当时的困境看作是一个莫大的机遇。我有一个千载难逢的机会可以告诉媒体、批评人士和敌手，我是不可小觑的潜力股，而绝不是昙花一现的暴发户。这让我感受到了很大的奋斗动力，也是客观看待困难局面的正确态度。

紧接着，事态就出现了转折点，促成这一转折的就是我自己的态度。公司的几个会计还记得那天晚上他们垂头丧气地坐在会议室里，我推门而入，告诉他们我给公司找到了几个新项目，而且都是大项目。我很兴奋，在和他们描述的时候也是口若悬河、神采飞扬。他们原以为我已经被击垮了，也许那是我在面对压力时显得有些沉默的缘故吧，而事实上我觉得自己站到了一个新的平台之上，又可以继续往前冲了。这并不是我惺惺作态，我是真的作好了这种准备。我告诉他们这种财务压力马上就会过去，我自己也坚信这一点。

事实证明，当晚就是转折点。我们所有人都开始把注意力集中在了解决之道上，而不是抱怨出现的问题。这也是我们学到的另一课："关注解决之道，而不要抱怨出现的问题。"

这看起来有些不可思议，但回首往事，我觉得有过绝处逢生的经历能帮我成为一个更好的商人，变为一个更好的企业家。我必须要跳出自己的小巷思维才能让自己避免葬身商海。面对这样的艰难局面，我也借力于积极乐观的心态。你就相信我吧，这肯定能给你的成功助一臂之力。它帮助我实现了今日的成就，这比我在90年代实现大逆转之前的成就要更加突出。

我曾经想到过自己有一天能上《吉尼斯世界纪录》吗？根本没想过。但是我却做到了这一点，理由就是因为这次大逆转，这也让我感到自豪。有时候，艰难困苦也能发挥特殊的作用，希望它也能帮你更上一层楼。

特朗普心得
——让生命绽放奇迹

很多时候，成功取决于我们怎样应对压力。这似乎让我们觉得生命很残酷，但其实我们也是可以发挥主动权的。把自己看成一个胜利者，要经常这样鼓励自己，而不是把宝贵的时间都浪费在犹豫彷徨上。你要集中注意力来客观冷静地看待问题，并致力于找出解决之道。如果你能够用积极的心态来应对压力的话，那么压力也会悄然消退。即便你不觉得自己是不可战胜的，你也可以学着用那样的心态来武装自己。这会助你成功的！

2

失败的阴霾总会消退

——圆满和东山再起的艺术

我对于圆满（wholeness）的重要性有着深刻的认识。生活中各项元素的完美结合才会让我们感到健康、快乐和高效。在我看来，圆满的对立面就是失败。如果失败局面出现，而且在现实生活中它确实会出现，我认为最好的治疗方法就是昂首向前，告诉自己失败的阴霾总有一天会消退，并把注意力放在正确的轨道上。坚持到底，你就会看到柳暗花明。

我并不是在推销什么信念疗法，而是想要说明把失败看成不够圆满的状态尽管简单，但对你却具有非常重要的影响力。不仅如此，我认为这种心态还非常有效。如果你认为一种消极情形只是短暂的而且是错误的，那你就会充满动力，想要去发挥自己的作用，同时在努力提高的过程中感到自己做得对，感觉自己精力充沛。以泪洗面或是碌碌无为都不是我对待人生的态度，也不应该成为你对待人生的态度。如果你把某种糟糕的情形看作是无法接受的，看作是阻碍你实现圆满的绊脚石，那么你就会有更大的能量来尽快摆脱这种束缚。

当我在90年代初期遭遇财务危机时，我只是把它当成前进路上不和谐的一个音符而已，并非上天对我的末日宣判。我知道圆满是一种怎样的状态，而我所要做的仅仅是回到那种状态就行了。我觉得众人都在期待我能够东山再起，我对自己也有同样的期待。我所要做的就是继续向前走，让自己的能量再一次得到发挥，我也正是这样做的。这种大翻盘并不是一夜之间就实现的，但是最终一切都复归正常了。

我见过一些人成天笼罩在失败的阴云之下，最糟糕的情况就是你认为厄运是你的宿命。其实不然。其实造成我们眼下局面的并非智商或是运气，而是在面对困境时的勇气。有些人把困难看作是运气不好，我就不这么看。困难是人生必不可少的一部分，也是生意的重要一部分。你的生意做得越大，你的人生境界越高，那么你所遭遇的困难也会更具挑战性。如果你有这样的思想准备，那么在遇到困难时自己的情绪波动就不会太大，也不会无谓地烦恼甚至积郁成疾了。

我认识一些人，他们不仅从困境中东山再起，而且摆脱了悲剧的阴影。生活的海洋不可能一帆风顺，总会有困境和悲剧发生。如果你有这样的心态，那么也就能够用平和的心情去看待自己所遭遇的困难。你的情形可能的确很糟糕，但是你要相信有可能别人遇到了比你更大的难处。给你东山再起或是成功作好准备的一种方式，就是去读一读别的成功人士历经磨难的故事。我猜测他们觉得自己有责任去获取成功，有些时候也有义务要摸爬滚打地活下去。这是我的感觉。我感到庆幸的是我出生在一个富足温馨的家庭，受过良好的教育，我真的很感谢命运的馈赠，也决心不辜负别人的期望去发挥最大的潜能。

不论你的背景如何或是面临怎样的环境，你都可以具有和我一样的态度。如果困难成为你的拦路虎，你要坚信自己的重要性，坚信自己能够战胜困难，而且更重要的一点就在于，你要相信赢得胜利是很多人对你的期望。如果你具备这种态度，你甚至都不敢相信自己的能量有那么大。这不仅是你能不能活下去的问题，这不仅是成不成功的问题，这是你的责任。竭尽所能去追求圆满的责任感能帮助你在生活和事业上乘风破浪。

我所经历的最困难的财务危机告诉我，我是坚忍不拔的，不论报纸对我作什么评价，我的心中都有一种坚定不移的成功信念。这让我具备了另一种心态，这就是信念。信念有些像智慧，一路走来别人可以教给你智慧，但最终还得靠你自己去内化。对自己的信念是一种强大的动力，你可以每天都从中汲取养料。如果你觉得一个人在苦苦打拼，那么你可以用这种积极的精神力量来鼓励自己，内在的信念往往是人们分出伯仲高下的隐性分水岭。失败者往往都会选择放弃。

总而言之，尽力去争取圆满，相信自己，让生命之花绚烂绽放，坚强一些，坚持到底。不要指望别人来帮你，而要靠你自己。做到这些，我相信成功会永远伴随着你，即使当你的外在环境看起来并不优越时。

永不放弃！

007

3

有人曾跟我说拍《飞黄腾达》是错误的

——倾听别人的意见，但也要相信自己的直觉

几年前，当反映现实的真人秀节目搬上荧幕时，我觉得这种设想挺有意思的，但我自己对拍摄这样的真人秀节目并不感兴趣。尽管很多次被邀请拍摄这样的节目，但我都觉得那些创意无趣而且有些傻兮兮的。如果一天到晚有摄像机跟着我，拍我刷牙、梳头、开会、在办公桌上吃午餐，这对我而言真是一种不必要的庸扰。当别人跟我提出这种想法时，我从来都是不假思索就拒绝了。

过了几年，哥伦比亚广播公司的老板莱斯·穆恩维斯征询我的意见，想在纽约市中央公园的溜冰场拍摄《幸存者》的最后一集。（我对这个溜冰场进行翻修之后，又通过长期合约成了它的所有权控制者。）我觉得这个点子不错，就同意了。当我来到中央公园，看到溜冰场被节目组改造成了一个热带雨林之后，实话实说，当时真吓了一跳。当时，有个年轻人向我走过来，想作个自我介绍。他是马克·伯内特①，我说知道他是谁，就没必要再花时间来作自我介绍了。他马上就跟我说能不能约时间谈一个他想到的新点子，我同意了。

大约一周后，他来到我的办公室。寒暄过后，他说有个新设

想，要拍摄一部真人秀节目，不过这一次热带雨林不再是人造森林了，而是纽约市和真实的商界。节目中将安排13周的工作面试，获胜者将在真实生活中获得特朗普集团的一个工作机会。这部真人秀节目对观众还能起到潜移默化的教育作用，这很快就引起了我的兴趣。具有实质性内容的真人秀对于任何人而言都是一个全新理念，我跟马克·伯内特说我对这个点子感兴趣。

下一步我们要做的就是找到顶尖的电视网络把节目播出去。每个人都想要这个节目，大家都很喜欢这个有创意的点子。最后，我们选择了美国全国广播公司（NBC），因为它也播出我的"环球小姐"、"美国小姐"、"美国妙龄小姐"等选美活动。我们两家之间有着很好的合作关系，因此这笔买卖也就敲定了。

我们再来谈谈当时我所遭遇到的挑战。首先，除了美国全国广播公司、马克·伯内特和我之外，没有一个人真的看好《飞黄腾达》。我所有的顾问都觉得这样做有风险，最后会兵败滑铁卢，我在商界苦心经营得到的声誉也会毁于一旦，我的重心会发生偏移，我所作的决定最后会是一个损失惨重的错误。回首过去，我不禁感慨他们为什么会那样竭尽全力地反对这个创意，"这会成为你犯下的最严重的错误"是当时经常有人对我的提醒。我感觉不到有很多人在支持我。我静下来把他们的疑虑好好思忖了一番，我希望他们的担忧不要成为现实，因为我已经答应马克·伯内特了。我的直觉告诉自己这件事做得对，我没必要再去咨询别人了。

接下来遇到的就是时间问题了。马克·伯内特告诉我说每周我需要投入拍摄的时间是3个小时。每周花3个小时就能拍完一部在黄金时间播出的真人秀节目，这也太划算了。但进入拍摄阶段之后，我发现每周我都要花上30个小时，我不禁有些担心了。为了

---

① 美国著名节目制片人。——译者

给这样一个大集团掌舵，我每天都要工作大约 12 个小时，我该怎样腾出更多的时间呢？我曾经想过这样会把自己搞得有些精疲力竭。

我最后决定自己一周一周地来适应，心想刚开始投入拍摄时需要的时间会比较多，到后期可能需要的时间就会少些。慢慢地，我发现拍摄这部片子已经成为我生活中的一部分了，当然每天我工作的时间就更长些。我为此做出了调整，周围其他人也做出了相应的调整，这也给我注入了新的活力。如果你遇到需要让你投入更多时间的情形，你不妨尝试一下，让自己渐入佳境。你最后都会为自己每天的成就而感到惊讶。

低　谷

2004 年 1 月，在《飞黄腾达》播出的前一周，我记得自己忍不住在想这会不会成为自己受人尊敬的最后一周了。尽管在拍摄过程中我们感到活力十足，但是鉴于自己听到的那么多负面评价，我不禁会这样去想。难道仅仅是因为它对于我而言是新事物吗？它真能取得成功吗？还是会以失败告终？要是失败的话，需要多久我才能恢复元气？当时已经有很多媒体开始关注这部真人秀了。如果在各方高度关注的情况下，这部真人秀失败的话，那么局面就不太好收拾了。在真人秀开播前的这些忧虑是我所遭遇的低谷，因为这些忧虑是事出有因的，而不仅仅是悲观的消极情绪。当时我脑子里闪过的念头就是之前的直觉："这是一个很好的点子，放手一搏吧！"

让我长舒一口气的是，《飞黄腾达》播出之后好评如潮，很快就成为收视率排名第一的真人秀节目。大家对此都很兴奋，我也不例外，毕竟为了这部片子我冒了很大的风险。如果我并非名人，那么失败也不过如此。但像我这种本来就已经家喻户晓的人物，一旦失败，奚落的声音便会让人觉得难以忍受。如果之前我没有打算去冒这个风险，听从顾问们的意见不去拍这部片子，那么所有的痛苦都不用去承受。但是，这部片子给我在全球带来了更大的名人效应，很多媒体对我的一言一行也变得更加关注了。这不啻是一种免费广告，对于我做生意绝对是有帮助的。因此当我建议你要敢冒风险的时候，我真的是发自内心说这话的。

特朗普心得
——让生命绽放奇迹

　　我经常跟人说，我会倾听每个人的意见，但是最后还得由我来拍板。这不仅是做人，也是做生意的一种积极心态。一定要虚心听取别人的意见，但是千万不要忽视自己的直觉。如果我听了很多人的意见并决定放弃，那么《飞黄腾达》就根本搬不上电视屏幕了。我们已经成功播出了6季，现在正在录制第7季。它对于我们所有参与其中的人都是一种美妙的体验。原先大家认为这是我犯下的一个大错，最后看来结果并不算糟糕。不过，如果你真想要冒风险的话，你也要注意并不是所有冒风险的事业最后都能成功，所以你最好要对成功有比较大的把握才行。

4

这是小意外还是大灾难？

——准备好迎接意想不到的突发情况

北美地区第二高楼

大家可能都听说过《芝加哥太阳时报》(*Chicago Sun-Times*)，但是有一点你或许并不知道，那就是它的办公地点位于芝加哥的黄金地段，在河畔的北瓦巴什街上，紧邻地标性建筑箭牌大厦。我想要此处作为芝加哥特朗普国际酒店的所在地，我也做到了。这真是一个黄金地段，如果你乘船在芝加哥市里巡游一圈之后自然就知道我说的是什么意思了。不管你巡游的时候刮不刮风，当这座建筑映入眼帘的时候，它的壮美都会让你感到窒息，尽管这座建筑完全竣工要等到 2009 年。因为这座大楼与众不同的非对称外观设计，在密歇根大街桥(Michigan Avenue Bridge)和西伟克大道(West Wacker Drive)上，它成为了标志性建筑。如果你亲自到访过这里，你就会知道我们为什么会在这栋建筑上花费这么多的时间和精力。

在芝加哥建设这栋大楼的计划始于 2000 年，当时对外宣称是要盖世界第一高楼。我对于这一计划感到非常兴奋，我知道我们肯定能实现，而且是圆满完成。但是在 2001 年"9·11"事件之后，我就把原先的目标调低了。尽管我很想建全球最高的楼，但我觉得煞费苦心建成一栋楼使其成为恐怖分子的攻击目标并不是一个明智的选择，因此我们调低了计划。

那是一系列变化的前奏。我们聘请了美国 SOM 设计公司（Skidmore，Owings & Merrill）来负责整个建筑的设计，他们给我们提供了超过 50 种方案，最后我们才挑选出了自己最喜欢的方案。我们又请了政府的规划部门、社区群体和芝加哥的建筑评论家来提建议，他们的评价在我们的最终方案中占据了很大的分量。修改后的设计方案于 2002 年完成并获通过。2004 年，出于市场营销的考虑，我们又把原来 10 层用作办公室的空间改为酒店客房和公寓。2005 年 3 月 17 日，我们最终决定开工兴建大楼，这离我最初打算盖大楼已经过去整整 5 年时间了。通过这件事你也可以看出一些大项目并非一蹴而就的，尽管我就是大名鼎鼎的唐纳德·特朗普。

这座建筑堪称美轮美奂，总高 92 层，占地面积将达到 270 万平方英尺，内设健身房、水疗馆、五星级豪华酒店、公寓、贵宾会所、零售店和停车库。美国国防部将会使用最顶层的 3 楼。它将会成为北美地区最高的钢筋混凝土结构大楼，也是全北美地区第二高的大楼（仅次于西尔斯大厦）。饭店定于 2007 年 12 月份开业，整栋大楼的内部装修将于 2009 年春天竣工。大楼总花费大约 8 亿美元，这真是一个规模巨大的工程。

低　谷

当然在施工过程中我们也遇到了问题，而且是很严重的问题。

在开始打地基工程 3 个月过后，我们发现芝加哥河的河水开始渗进工地。因为大楼的地基比河道要低，因此老河道的防水壁是有可能漏水的。光是这个问题还不足以让我们担忧，关键在于漏水的防水壁是在同瓦巴什河桥的交接处，一旦处理不当就会发生严重的问题，因此我们丝毫不敢懈怠。过了一段时间以后，问题也迎刃而解了，如果你处理问题时态度正确而且目标明确的话，解决问题就有了保障。

大楼施工过程中的另一处波澜发生在结构设计上。根据最初的设计理念，地基部分和底部的 14 层全部采用钢筋结构，上面再采用钢筋混凝土结构。在设计方案快要成型的阶段，我们发现国际钢材价格飞涨。我们重新回到了设计桌前，决定将整座大楼全部采用钢筋混凝土结构，这样就节省了几百万美元的开支，也减少了施工材料的供应难度。

另一个让我们感到头疼的问题就是打地基时候的噪音，因为我们在打地基时要把 241 根石柱桩打进去，噪音之大是可想而知的，我们希望芝加哥市区的民众不会有太大的意见。大约有四分之一的石柱桩要打到地下 110 英尺深，光是这一项就是浩繁的工程。不过，我们最后还是顺利完工了，而且也没有树敌过多。因为每根石柱桩都要承重 1400 万磅，所以承重系统在设计以及施工的时候我们丝毫都不敢大意。

在工程进展的早期我们还失去了一位得力的合伙人，也就是媒界大亨康拉德·布莱克和他旗下的《芝加哥太阳时报》，康拉德·布莱克因为丑闻而官司缠身(我希望他能够扛住，他毕竟也经历了种种艰难坎坷)。我们双方达成了协议，我买断了他在项目中的股份。又过了一阵，负责项目的设计师也从 SOM 公司离职了。这些对我们而言其实都是重创，但你也可以想见，我们把危机一一化解，项目还在正常运转。我们对一路上的风雨早已作好了准备，就像忠诚的士兵一样勇往直前。作为这支军队的统帅，我必须要承认不论你的准备多么充分，毕竟天有不测风云，我也要为这种旦夕祸福承担起责任。我们尽力根据变化来做出调整并让自己集中精力，同时还要以百折不挠的精神迅速从挫折中振作。我们准备充分而且意志坚

芝加哥特朗普国际酒店

定，因此不论遇到什么样的困难我们都没有退缩。

当然，在工程进展的过程中也有意想不到的好事发生。我们借用了《芝加哥太阳时报》的河道隔水壁，这样就省下了差不多一百多万美元的开支。我们发现自己在清理旧楼的费用上开支比预计的要小，因为《芝加哥太阳时报》早在 70 年代就不再使用以石化材料生产加工的墨水，而转用以大豆制成的墨水，因此地基的污染状况比我们想象的要好很多。有的时候，如果你把所有可能出现的问题都考虑到了之后，你就不妨可以去想想可能会出现什么好事了。

特朗普心得
——让生命绽放奇迹

如果意想不到的突发情况发生了，你不妨扪心自问："这是小意外还是大灾难呢？"我们在芝加哥盖高楼的时候遇到过几个小意外，有可能以后还会再碰上几个，但到目前为止工程进展顺利，而且是一次美妙的体验。当你挑战重大目标的时候会不会遇到困难呢？答案自然是肯定的。你会因为困难就偏离既定轨道吗？你万万不能这样就屈服了。

不管一路上有多少狂风骤雨，就让你的激情带你一路狂奔吧。管它前面是风、是浪、是有下属另投他主还是丑闻缠身，你都能达到胜利的彼岸。战胜这些苦难你就拥有一份保险，而且保是免费的，这份保单的名字就叫做"永不放弃"。

只要你态度坚决而且目标明确，用不了多久你就能驾驭危机了。你要有百折不挠的信念，跌倒之后随时准备起身反扑。

5

我喜欢好好打拼

——特朗普苏荷区酒店式公寓

苏荷区一直以来都给我们一种炫酷的感觉，我等待了多年之后才得到机会来到这里成为一个开发商。我知道在这里要做成任何大项目都要经过一番打拼才行，因为这里大部分楼宇都不高，而且当地对于开发商也有严格的法规限制。不管你相信与否，由于一些历史原因，苏荷区是被规划为商业用地的，因此我想盖高层住宅项目是不允许的，但是我可以建酒店。当我了解到这一情况之后，我就决定在这里盖一座酒店公寓，而且是一座高层建筑。

苏荷区向来就是艺术、电影和时尚的大都会，在这里有250多家艺术博物馆、100多家设计师专卖店、200多家餐厅。换而言之，这是一个很值得游览的地区，住在这里也很惬意。我觉得苏荷区应该拥有一家代表21世纪水准的一流饭店。

我和合作伙伴贝洛克集团以及萨派尔公司（Sapir Organization）决定投资4.5亿美元来兴建一座45层的酒店式公寓。毫无疑问，我们自然遭受到了来自当地社区和代表他们的政客的强烈反对。我并不会因为这些阻挠就停止自己前进的脚步。我在2006年6月6日播出的《飞黄腾达》真人秀节目中表明了自己的意向。尽管困难接踵而至，但是在 2007 年 5 月 8 日我还是骄傲地向世人宣布，纽约市官方批准了我们兴建这座酒店式公寓的方案。接下来，我们又遇到了一些困难，不过这都是在意料之中的。

我们遭遇的最大阻挠是关于酒店的层高。苏荷区基本上都是低矮建筑，而这座酒店式公寓肯定会是一座摩天大楼，它将成为城中心和金融区之间最高的建筑。这并不是因为苏荷区的城市规划法律不允许建高楼，而是之前没有第一个大胆吃螃蟹的人。我们想要改变这种现状。法律保护人们的空间权（air rights），这也就意味着我们盖高楼是完全合乎法律规定的。我们最后在原先的规划之上又加高了几层，因为我们花钱又从附近建筑那里买到了转让的空间权。

尽管有权兴建高层酒店公寓，但是之前没有先例却给我们造成了麻烦。该项目是纽约市建设局第一次考虑批准在一个生产区中兴建公寓式酒店项目，在这样的区域中是不允许兴建住宅项目的。纽约市陈旧的规划法律以及当地居民的阻挠都给我们带来了很大的

纽约特朗普苏荷区酒店式公寓

阻力。

同美国的其他大都市不一样的是，纽约市从来都没有出现过纯酒店式公寓。根据纽约市的城市规划法律，这种酒店单元不能成为所有者的经常性居所，而只是作为他们短暂的居住之处。这就意味着，我们需要向纽约市建设局证明特朗普苏荷区酒店式公寓不是一个民宅项目，而只是给业主提供短期居住的场所，我坚信能够向纽约市的官员证明这一点。

酒店式公寓并不是普通的民宅公寓，它的所有者一年在里面居住的天数是有限制的。所有者不居住的时候，房间就像酒店的客房一样对外营业。这是一种很好的经营理念，因为公寓的所有者和负责运营的公司都能得到收入。特朗普苏荷区酒店式公寓里的房间并不是为长期居住者提供的，房间的所有者也不允许这样做（不仅如此，一家豪华酒店房间的外观、感觉和设计同民宅还是完全不同的）。我们不遗余力地和纽约市的政府职能部门进行沟通，把我们的观点表达清楚。

不出所料，酒店周围的男女老少都把矛头戳向了我，纽约市格林威治村历史文化保存协会更是劈头盖脸地骂我是"特洛伊木马"，"居心叵测"的目标就是要在纽约市各个生产区都建立起我的酒店公寓网络。他们说我居心不良。建起一座大家都看得到的45层高楼怎么叫做居心叵测？我确实搞不懂，不过你们应该明白他们是怎样攻击我的了。在酒店周围民众联合向我示威，证明我是不受欢迎人士。除此以外，他们还有别的什么新招吗？与此同时，周边地区大部分保持沉默的人还是支持这个项目的，而且实事求是地看到了这个项目能带来的旅游和经营上的无限商机。这个项目将极大地激发这块区域因为陈旧的生产区建设规划而被扼杀多年的生机。

除了应付聒噪反对的一小部分人以外，我并没有打算要放慢自己前进的步伐。尽管我们还没有得到地面施工的许可，但在2006

年我们的挖土机就已经开动了。

新的危机又出现了。

12月时，挖土工程承包方在作业的时候忽然发现人的尸体，后来经确认发现是上百年的古尸。我们马上自愿停止了挖掘工程。警方也赶来了，要求我们整个工程都停下来。这个要求并不合法，但是我们也照办了。接着我们聘请了几位考古学家来挖掘并确认古尸的身份。在这一阶段，其实我们并不需要更多的曝光，最好就是静静地等待纽约市政府部门下一步的批准。但是，这事马上就传了出去，文化保存协会的一位负责人更是揶揄我们的项目可以更名为"特朗普苏荷区酒店式灵堂"了。世上本无事，庸人自扰之，对吧？尽管媒体也对死尸事件大肆炒作，我们还是在一周后复工了。

不过，网上还是有很多人抓住酒店和尸体的事纠缠不休，一时弄得满城风雨。我们也收到了很多来自民众和社团的抗议施工信。在工地附近也有民众示威，这场纷争花了整整一年才止息。不仅如此，还有人攻击我们建的这座大楼会成为恐怖分子攻击的目标。网上还有一幅在骷髅头上戴着一顶假发套的漫画，这就是这栋酒店式公寓的"广告"。不过，有一点肯定是明确的，那就是全纽约市和所有的纽约市民都知道我在盖一栋新楼了。有人曾经说过我是一个优秀的营销者，但有时我并没有做任何事就能吸引别人的眼球。

麻烦接踵而来，我们有一种处在飓风中心的感觉，但是这让我们的使命感变得更强烈。有人不知道通过什么途径找到了我们这个项目早期的营销材料，上面提及了这个项目将会成为非常有吸引力的一个住宅项目，这在政治团体和活动组织之间引起了轩然大波。不过，我们没有忘记自己的目标，那就是要让政府批准这个项目。我们知道自己是无法改变当地的城市规划法律的，也无法在建设住宅项目的名义下开工。因此我们集中火力向纽约市政府证明这不是一个住宅项目，我们施工也不会和现行的城市规划法律相冲突。

我们向纽约市政府证明，我们对于业主的入住时间有着明确的规定。我的团队和纽约市政府花了几个月的时间来商讨一份长达 6 页的"限制声明"。在讨论的过程中，政府官员经常会花上整整几个小时对声明中的某个逗号分析再三和不断挑刺，这说得一点都不夸张。我们在项目材料上做到了天衣无缝而且完全透明，酒店公寓的规划把所有细节都用白纸黑字体现了出来，丝毫都没有加以隐瞒。最终，我们的方案获得通过，规划设计的大楼完全符合苏荷区的规划法律，没有任何人能再说出什么闲话了。我父亲经常说"对你所做的事要做到无所不知"，我也接纳了这一建议。我们所遇到的点滴困难都变成了动力，激发我们在这场全城关注的战争中赢得胜利。

时至今日，特朗普苏荷区酒店式公寓项目进展顺利。和我共同合作的除了合作伙伴以外，还有我的儿子小唐纳德和女儿伊万卡，以及《飞黄腾达》第 5 季的获胜者希恩·亚兹贝克和贝洛克公司的朱利亚斯·斯沃茨。

这一项目给苏荷区增加了更加精彩、更加优雅和更有品位的元素。在这座酒店式公寓中，有 25000 平方英尺的商业区，内设顶级餐厅，有一个 7500 平方英尺的水疗馆、一个 12000 平方英尺的会议中心，在 12 层你还能从透明的玻璃窗俯瞰整个苏荷区。这里还有一个环境优雅的游泳池终年对外开放，同时提供私密的包间、私人图书馆、咖啡厅、酒吧和餐厅等多项服务。我敢跟你打保票的是，苏荷区的居民肯定会很喜欢它，一方面酒店式公寓帮助他们提升了地价，而另一方面它本来就很招人喜欢。如果你碰巧来纽约，那么不妨来苏荷区看看这处建筑。

苏荷区这个项目带来的麻烦可能比我们想象的要多一点，但是我们都在一年内解决了。在大城市做买卖肯定会遇到这些麻烦，我们相信自己有足够的能力来解决问题。你也要具备和我一样的态度，这样的话你就会少受一些情绪波动之苦。

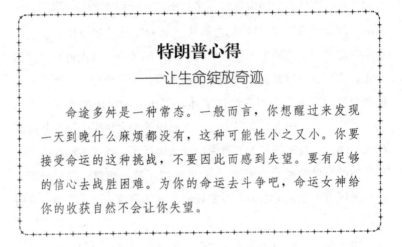

特朗普心得
——让生命绽放奇迹

命途多舛是一种常态。一般而言，你想醒过来发现一天到晚什么麻烦都没有，这种可能性小之又小。你要接受命运的这种挑战，不要因此而感到失望。要有足够的信心去战胜困难。为你的命运去斗争吧，命运女神给你的收获自然不会让你失望。

6

牢记"9·11"事件

——只要你永不放弃，就能回报社会

2001年9月11日上午，我在房间里看新闻，得知"9·11"事件的发生，接下来我就在窗户里目睹了所发生的一切。我在2000年出版的《我们该有的美国》(*The America We Deserve*)一书中已经预言过美国有可能遭到攻击，但是这并不意味着当天我没有感到惊愕万分。这一事件让美国人颜面丢尽而且精神上遭到重创。在"9·11"事件发生之后，一些人和公司都在惶恐中离开了纽约，但是我没有想过要离开这里。我生在纽约长在纽约，这儿就是我的家乡。我知道纽约人是坚忍不拔的，因此我认为纽约人不仅能够活下来，还会过得更好，事实也证明了这一点。

自从那时开始，每年9月11日，特朗普集团都会举行各种形式的活动来悼念亡灵。2001年的圣诞节，我们没有举办传统的庆祝活动，而是把省下来的钱捐给了慈善事业，大家都觉得这件事做得很对。从那以后，我们每年都在特朗普大楼的大厅和中庭来缅怀亡灵，每年我都会亲自参加。

在2006年和2007年的9月11日，9月音乐会都在特朗普大楼举行，音乐会是对公众开放的。9月音乐会的初衷是用音乐来告慰

逝者，创始人哈卢科·史密斯和助理维罗妮卡·凯莉的表现很出色。我的儿子埃里克担任演唱会的主持人，我们大家都参加了。这是很有意义的一次纪念活动，也让我们铭记不该忘却的一天。

为了协调这次活动的细节，我们花费了很多精力，在原本就很忙碌的大厦里腾出空间并不容易，但我们觉得自己付出的每一分钟时间都是值得的。这也向我们证明了永不放弃的一个理由：只要你坚持到底，最终你是能够回报这个社会的。

我在自己的高尔夫球场举办过很多慈善活动，每年也在棕榈滩的马阿拉歌俱乐部举办红十字舞会。这些活动并不是从天而降的，它们都需要花时间和精力去筹备，花钱也是理所当然的了。拥有地产并非仅仅是获得一种占有欲，我也要想办法让它们发挥更大的价值。如果你进入地产界仅仅是为了赚钱或是享受一种权力欲望，那还是不够的。如果你能够把自己的所得看作是一种回报社会的优势条件的话，那么你会发现自己的付出更有价值，而且从长远来看，你也会获利更丰。

每年我们都会在员工集中去度假之前招待美国救世军，这已经成为了我们公司的一个传统。我们会请乐队来演出，请媒体来报道，我会发表一个简短演讲，救世军的队员们也能得到他们这么多年杰出工作理所应得的一些社会承认。每年举办这样的活动也需要花很多时间来安排，但我们还是把这一传统坚持了下来。

有时候，如果你愿意付出的话就能得到新的才能。每年我都要为在纽约绿苑酒廊举行的名人涂鸦画拍卖会捐赠一幅画。这是一项非常好的活动，捐赠者包括歌手斯汀、拳王穆罕默德·阿里、主持人拉里·金、影星艾尔·帕西诺、歌手比利·乔、时装设计师瓦伦蒂诺、歌手比尔·考斯比、保罗·麦卡特尼、影星柯克·道格拉斯、网球明星玛蒂娜·纳芙拉蒂洛娃、艺术家彼得·马克斯、演员贝特·米德勒、高尔夫巨星杰克·尼克劳斯、名模辛迪·克劳馥和其他名人。对于我而言，要画一幅涂鸦并签名只需几分钟。我一般画的都是一处建筑或是城市高楼连绵的草图。我这小小的善行就能够帮助纽约的穷人募集到几千美元的善款。这项活动的主办方是卡普钦食品协会。这项拍卖是非常有创意的一个点子，也帮助了很多人，我也不介意花上几分钟时间为一项慈善事业贡献绵薄之力。艺术并不是我的强项，但是它最终能够转化为给穷人的实际帮助。

我还记得有位朋友问我为什么会举办这么多慈善活动，他对我的做法感到不解，因为他觉得举办这么多公益活动没有必要，而且需要耗费大量时间。我对他说："因为我做得到。"我跟你说实话，这句话是很有分量的，而且也能照亮我继续前行的路。想想自己能对别人说"因为我做得到"，这种感觉真的很棒，也使得我多年来购买和开发这些房地产项目花费的努力变得更有价值。

为资助饥饿者的涂鸦之作

　　我们都看到过一些身处困境的人，我们都想帮助他们。如果你能够成功的话，就应该做到"达则兼济天下"，这也是我多年来奋斗不息的原因之一。如果知道自己越成功就能够回报社会越多，这的确是一种催人奋进的健康动力。如果你永不放弃，那么总有一天你也能回报社会，这值得我们铭记在心。

7

准备好应对不期而遇的问题

——让特朗普大厦拔地而起

特朗普大厦是我第一栋成功建造的高层建筑，我也一直钟爱这栋大楼。它现在是纽约市吸引游客第三多的旅游目的地，这让我感到很自豪。特朗普大厦久负盛名，有些人想当然地认为它一直就矗立在那里，或是某一天醒来纽约市就多了这一座摩天大楼。其实不然。事实上，当别人听到我说当初有可能将这座建筑命名为蒂凡尼大楼时，他们都会感到难以置信。在这座纽约地标性建筑的施工背后，还有很多不为人知的故事，这让这栋大楼的建设变得极富挑战性。如果你觉得盖这栋大楼对于我这样的开发商是易如反掌的话，那么你不妨读读下面这个有意思的故事，如果你喜欢听一些情节错综复杂的故事的话，那就更值得一读了。

纽约市历史上的一位重要人物罗伯特·摩斯①所说的一句话在我打算盖这栋大楼的过程中一直陪伴着我。他说："不破不立。如果不打破鸡蛋，怎么能做得出煎蛋呢？"我想换个说法："如果不拼杀得头破血流，你是盖不起来一栋摩天大楼的。"

从第一天开始一切就不容易。为了书写这段传奇，我盼了整整3年，才等到这片土地主人的同意出售。我一个接一个地打电话，

特朗普大厦

一封又一封地写信。我学会了长久等待的价值，也明白了如果你对某件事物拥有激情，那么没有得到任何鼓励也不会让你气馁。我就是不想放弃。当最后工地可以施工的时候，我意识到我的信件终于起了作用。

---

① 美国教育家、作家。——译者

我想盖的特朗普大厦紧挨着蒂凡尼珠宝店，我需要说服蒂凡尼珠宝店向我转让他们的空间权，价格是 500 万美元，因为本来他们也是有权在商店的顶部再加盖一座高楼的。得到这种权利后就可以阻止任何人拆掉蒂凡尼珠宝店，并盖起一座阻挡我视线的大楼。这样我就可以盖起一栋纵向很高、横隔很短并带有图案窗户的大楼，这在审美上是我们考虑的一个重点。

为了能得到纽约市地区规划特别许可，我必须要知道自己是否能够拿到空间权。蒂凡尼公司的负责人表示他喜欢我的点子和出价，不过他马上就要去休假一个月，等休假完毕后再回复我。在一个月的时间里，我可以做完很多规划工作和建筑工作，如果我不确信能够拿到空间权的话，我就有可能会浪费很多时间和精力。让我感到幸运的是，我遇到了一位真正的绅士，他的名字叫沃尔特·霍文，他告诉我他说话是一言九鼎的。这也让我舒了一口气。事实上，因为我怀疑他说的话和决定的真实性，他还感到有些恼怒。尽管不是经常，但是偶尔你也会遇到一些像他那样的君子。

我已经得到了蒂凡尼珠宝店的空间权，但我还需要另一块土地的空间权才行，它是 57 号大街上紧挨着蒂凡尼珠宝店的一块空地。这是根据纽约市城市规划条例的另一项规定：在任何建筑物的后面必须要有 30 英尺的一片空地，就像一座房子的后花园一样。如果我拿不到这片空地的话，我就不得不忍痛割爱，把原先设计好的大楼后花园给砍掉。

后来我们发现，这片空地属于莱昂纳多·坎戴尔，他和沃尔特·霍文一样是个谦谦君子。不过，他起初不愿意出售自己的土地。他不是一个商人，也丝毫不愿退让。直到有一天我在和蒂凡尼珠宝店达成的协议中发现了一项有利的条款。中间这项条款给予了蒂凡尼珠宝店在一定时间范围内购买莱昂纳多·坎戴尔土地空间权的权利，因为这两块地互相挨着。也许，我们能和莱昂纳多·坎戴尔达成某种协议。

不过，我已经发现这次所要做的事难度很大。要敲开每扇紧锁的大门都需要花费很大力气。我的脑子里又回响起了罗伯特·摩斯说的话，我只能继续前进。不过事先对会出现的困难作好准备对你自己是有利的，因为当困难真的降临之后你就不会茫然失措了。如果有必要的话，你不妨每天都这样提醒自己一番。

我又找到了沃尔特·霍文。我问他作为和蒂凡尼珠宝店协议的一部分，我是否能够买下莱昂纳多·坎戴尔土地的空间权，因为我知道他根本没有这种兴趣。沃尔特·霍文点头应许。但是，莱昂纳多·坎戴尔却说这项权利属于蒂凡尼珠宝店，而且不能转让。也许他的逻辑并没有错误，但是如果我就这一问题进行起诉的话，很有可能会赢得官司并获得这项权利。

我向莱昂纳多·坎戴尔说明了对簿公堂的可能性，结果不到半个小时我们就签署了一项对双方都有益的协议：我放弃使用购买他土地空间权的权利，他同意把我租用他土地的期限从20年扩大到100年，这样就使得我的投资能有足够的时间收回成本。而且在租约中，他还去除了所有反对我重新进行规划的条款。莱昂纳多·坎戴尔和我成为了朋友，我兴建特朗普大厦的计划也得以继续。

不过，当时还有一个头疼的问题就是我还没有同杰纳斯科公司(Genesco)达成最后的协议，因为它是博威特·泰勒(Bonwit Teller)百货公司的母公司，而这家百货公司刚好就在我要盖的大楼下面。在谈判的过程中，我们一直没有向外界透露任何信息，我们也希望能在几个月内和他们签妥协议。但不知怎么消息不胫而走，感兴趣的买家纷至沓来，其中还包括阿拉伯的石油大亨。不出所料，杰纳斯科公司不太想和我们再继续谈这笔买卖了。

不过很幸运的是，我收到了杰纳斯科公司老板杰克·哈尼根寄来的一页纸的意向性协议。杰克·哈尼根是在杰纳斯科公司处在危机时请来力挽狂澜的人。3年以来，他一直都在不停地收到我寄去的信件。我向他表明，如果他们不和我们达成协议，我们就会上诉，这样就会把博威特·泰勒百货公司大楼的地皮出售拖上好几年。我不知道我写的这些信在法律上是否站得住脚，但是我至少让他们知道了如果食言的话我肯定会让他们感到头疼。

没过多久，我就收到了《纽约时报》一位记者打来的电话，他已经得悉我们可能会和杰纳斯科公司达成博威特·泰勒百货公司地皮出售的协议。这件事情我们一直以来都没有向外界透露任何风声，但接到这位记者打来的电话时，尤其是考虑到杰纳斯科公司有变卦的可能性，我意识到不妨也可以冒险赌一把。我告诉这位记者我们已经达成了协议，我打算在博威特·泰勒百货公司的地皮上兴建一座大楼，因此百货公司快要关门了，最快也就是这几个月的事了。

文章第二天见报了，我希望这能够给杰纳斯科公司带去一点压力。不过，接下来发生的事情连我都没有想到。文章刚一登报，博威特·泰勒百货公司的雇员全都跑去波道夫·古德曼百货商场（Bergdorf Goodman）、萨克斯第五大道精品百货店（Saks Fifth Avenue）和布鲁明戴尔百货公司（Bloomingdale's）去另谋新就了。结果，博威特·泰勒百货公司经营不下去了。五天之后，我就和杰纳斯科公司签署了协议。

到了这一步我甚至还没有开始施工。这个例子充分说明，如果你想要成就一番大事业，必须要有坚忍不拔的毅力去克服前进道路上的困难。有时候，尽管你的目标比盖起一座摩天大楼要小得多，前进的道路依然不会平坦。有些人认为我有点石成金的本事，一切成就都像天上掉馅饼一样容易，那么在你们自己通往成功的道路上，不妨记住我所遇到的这些困难。相信我，你在前行的路上肯定会遇到困难的。不论你是特朗普还是谁，困难是一种常态，它是不会改变的。你要作好充分的准备。但是当我回首往事时，我发现自己走过了一条光辉灿烂、令人兴奋的道路，我为了战胜困难所花费的每一点努力都是值得的。

8

别人常问我的问题

现在我经常会收到无数封崇拜者发来的邮件，其中很多邮件都是向我寻求建议的。有时候，某个学校一个班上的所有学生都会给我寄来他们的问题。因此，我决定把大家最常提的问题和答案在这里给出：

1. 如果你的下属一而再再而三地因为同样的问题出错，你会怎么处理？

答：我没有这样的下属。这样的人现在应该在为别人效力。

2. 作为一个好的领导，最重要的特质是什么？

答：自律。如果每个人都能自律那是最好不过了，但如果连一个领导都没有这种品质的话，那么这个团队就难以长期存在了。

3. 一个人要想成功，最关键的是要做好哪几步呢？

答：做好准备工作。换而言之，对于你的目标要做到知其周详，预见你将要面对的困难，并把你在每方面需要作出的努力都作好充分的了解。和所有你能找到的专家进行交谈。你有可能会成功，也有可能会失败。但是既然已经要面对困难的话，那就不要因为你的疏忽大意而让自己遭遇到更多不幸。

4. 在地产界里，具有怎样素质的人才能成为明日之星呢？

答：那些富有远见和自律性的人才能取得成功。如果只有一种素质而不具备另一种素质，那也是不够的。如果两种素质兼而有之，再加上在实践中增加了阅历并且锻炼了能力，那么你就有可能成为一个地产界的领袖。

5. 你崇拜哪些历史人物，为什么？

答：亚伯拉罕·林肯是一个，因为他在我们国家最困难的时候担任总统。他也是自学成才，在成为总统之前还吃了很多年苦。另一位就是温斯顿·丘吉尔，他在人类历史关键的第二次世界大战中挺身而出。他是一位出色的演说家，他那激动人心的演说鼓舞了成千上万人的斗志，他还因为自己写作的历史小说获得了诺贝尔文学奖。

6. 你最喜欢吃什么饭后甜点？

答：冰激凌。

7. 你喜欢自己工作的什么方面？

答：每一点每一滴。每天都是一种挑战，每天又都过得很棒。

8. 你出去吃午饭吗？

答：很少，因为我不喜欢工作干到一半就中断了，这会打乱我的节奏。我喜欢在办公桌上有点吃的就行了，这最多只会花5到10分钟。

9. 对于想自己创业的人，你有什么建议吗？

答：准备好迎接各种各样的问题，它们每天都会发生。不论发生什么问题，你都要打起精神来，要有兵来将挡、水来土掩的气概。永不放弃！

10. 即便我们已经努力奋斗了，但结果还是不如人意该怎么办呢？

答：首先你要知道有这种疑虑的不仅仅是你一个人。我曾经为了等待某些事的发生花了整整 30 年，有些人等待了比我更长的时间。你要想到自己做的事有可能并不正确，因此不管你多么努力都看不到成效。但是，你要确信自己手里干的事是适合自己的，你要喜欢自己所干的事业，并坚持到底。

11. 你相信运气吗？

答：我相信。我也知道自己很走运，同样我也因为有心中的榜样而感到幸运。我从小就想像我父亲一样，也从他身上学到了很多东西。

12. 你小时候的梦想是什么？

答：我的梦想是要么当棒球运动员，要么当建筑商。我喜欢用自己的积木来搭建摩天大楼。我的棒球打得也很好，还因此得到了奖学金。我曾经想过去美国南加州大学进修电影拍摄，但因为对房地产业的了解和热爱让我最终选择了沃顿商学院。

13. 你的灵感都来源于哪里？

答：这个世界给了我很多启发，如果紧密关注世界脉搏，就能得到很多灵感。在这个技术时代，我们能以比以往更快的速度得到越来越多的信息，我觉得这让人很兴奋。我一直都让自己保持开放的状态，我觉得这是让好点子源源不断涌来的一个好办法。

14. 你曾经害怕过失败吗？

答：到目前为止我可谓是战功赫赫了，但失败的可能性也一直在伴随着我。我做事谨小慎微，但并不意味着我有恐惧感，两者之间还是有区别的。做事考虑周全自然是很重要的，要明白我们既有成功的可能性，也会有失败的可能性。我们无论做任何事情都是有风险的，我即便是过马路也有可能被公共汽车给撞了。什么事情都会发生，但不要让恐惧心理打乱你的计划。

15. 你度假时一般都会去干什么？

答：我一般不会特意安排度假时间，不会专程去某个地方放松旅行。我觉得工作能让人精力充沛，我从来都没有摆脱工作的念头。因为我自己就有高尔夫球场，也喜欢打高尔夫，因此在考察高尔夫球场的时候就可以好好挥上几杆。冬天，我会去棕榈滩的马阿拉歌俱乐部过周末，这样我就能一年四季都打上高尔夫球了。我过周末比度假更频繁，我觉得这挺适合我的。

16. 我们喜欢你参与录制的真人秀《飞黄腾达》，我们在想你是不是喜欢解雇员工？

答：我不喜欢解雇任何人，有时候解雇人也是迫不得已，我还是愿意员工们能为我长时间工作。我手下就有跟我一直干了30多年的老员工。最佳的工作环境就是每个人的工作道德准则和关注的要点都相近，而且都在尽力干到最好。我的大多数员工都有这样的表现，但也不是每个人都能做到这样。如果做不到的话，那么也不得不做出调整。

17. 你最初在房地产业打拼的时候，主要目标是什么？

答：尽管我父亲在房地产界做得很成功，但是我想依靠自己的努力打下一片江山。我一直都很喜欢漂亮的高楼，喜欢曼哈顿，这就是我值得为之奋斗的土地。我想要实现自己的梦想，我也做到了。

18. 在《飞黄腾达》播出之后，你最奇妙的感觉是什么？

答：我的形象就此改变了，我每周都解雇人，不过我却因此变成了风云人物。

19. 什么让你最快乐？

答：这个问题看似简单，但却难以回答。我想说的是，有几件事会让我感到很高兴：表现出色，尽到全力，干好工作而且感觉很好。如果我能够与人分享成功也是一件美妙的事，因为这样一来我就可以提升邻里和社区的价值，创造更多的就业机会，而且还可以慷慨地回报社会。我的家庭对我而言一直都非常重要，我和他们在一起的时候会感到最快乐。

20. 你在学校里最喜欢什么课程？

答：只要和数学有关的课我都喜欢学，我的几何学得分总是名列前茅。

21. 你最喜欢哪部电影？

答：《公民凯恩》。

22．你早上一般几点钟起床？

答：5 点。

23．成为富人什么让你感觉最好？

答：能够回馈社会让我感觉特别好。

24．你能给我的最好建议是什么？

答：永不放弃！如果你拥有这种态度，就能取得更大的成就。我说其他话的效果都没这句话管用。

9

当对方想要决斗时，你却化干戈为玉帛

——苏格兰特朗普国际高尔夫球场

一直以来，我都想在苏格兰建造一个高尔夫球场，除了当地美丽的自然风景以外，主要是出于两个原因：一是因为我母亲出生于苏格兰，二是因为苏格兰乃高尔夫球的发源地。高尔夫一直都是我生命中重要的一部分，而我母亲更是我生命中的太阳。

我花了整整 5 年时间来精心挑选场地，仅仅在欧洲就否定了200 多项高尔夫场地商业策划。我在耐心地等待最合适的场地出现。当我看到位于苏格兰东北部格兰屏地区（Grampian Region）的门尼庄园（Menie Estate）之后，我知道这就是自己一直苦苦等待的地方。门尼庄园和门尼城堡的历史可以追溯到 14 世纪，它位于苏格兰第三大城市阿伯丁的北部，两地的距离仅仅为 12 英里。更重要的是，我从来都没有见过这么一大片未曾破坏的海边胜景。这里有形态各异的海边沙丘，有 3 英里长的连绵海岸线，景色壮美，总面积达到 1400 英亩。这片圣地太让人心驰神往了，我为之感到兴奋不已。

低谷：人们的当面奚落真的会让你很难堪

我知道苏格兰向来都以开发和投资的环境良好著称，因此当开始在那工作的时候我是兴冲冲的。但是，当我宣布了开发计划之后，却在当地引起了轩然大波，环境保护主义者立即就组织起了反对阵营。我记得人们在得知我的开发计划后当面嘲笑我的情形。无论是从环境方面，还是从历史保护方面，这块地域对苏格兰都有着重要意义，因此没人觉得我能最终拿下行政审批。门尼庄园地区的环保法规就有两本厚达5英寸的书之多。

环保主义者集中火力攻击我的问题也是之前我所没有碰到过的，那就是地形学。我们的环保专家和苏格兰国家遗产组织向我们提到了这一点。因为应对这一问题是成立筹划委员会的重要前提，也是项目开展遇到的主要障碍，所以我们必须非常严肃地对待，如饥似渴地学习所有这方面的知识。我们聘请了地形学方面最权威的专家，认真地考虑了所有细节。我觉得我们的关注程度和职业良知让每个人都感到不可思议，最终的决策者也发现了我们身上的坚韧和正直品格。

再来谈谈地形学，它所研究的是地形的变化、起源以及多年来的演变进程。门尼庄园的绵延沙丘是苏格兰的自然遗产，总面积为25英亩。受自然界的影响，它们的位置会移动，这对于高尔夫球场而言可谓是灾难了。我们查证了多年前的地图，发现整片25英亩的沙丘在自然力的作用下挪动到了另一个位置，因此我相信环保专家和我们的担忧并不是多余的。

我们在这方面进行了大量调研，终于找到了解决之道：如果在沙丘上种植能在大风和恶劣天气中生存扎根的滨草，那么草坪就能固定并保护沙丘，而且这片草坪还能成为一道亮丽的自然风景线。

除此以外，基于我们的环保研究，我们还提出了很多保护当地生态系统的建议，例如给水獭建造 3 片人工林，并提出了一项书面的水獭保护计划；根据新的调研结果，提出了一项野獾保护方案；为稀有鸟类建造一片新的栖息地；在门尼城堡搭建起许多鸟类栖息的窝巢；提出了保护掌状蝾螈、黑头海鸥、涉水鸟、棕野兔、无毛榆树等珍贵动植物的生物多样性方案；建议新的植物和动物栖息地的迁移方案，并为沙丘上的草坪准备草种。这些只是万千头绪的工作的一小部分而已，我已经说过门尼庄园地区的环保法规有两本厚达 5 英寸的书之多，我说的一点都没有夸张。如果你以为我是唐纳德·特朗普，一切就能轻松遂愿的话，那么我想提醒你做事根本没有你想象的那么简单。

我们最终递交给阿伯丁政府的项目方案不仅考虑到了当地的环保问题，也兼顾了商业发展的内容。从经济角度来考虑，这一项目的建设将为阿伯丁提供大约 6230 个新就业机会，并为苏格兰其他

特朗普在苏格兰挥杆

地区提供 740 个新就业机会。高尔夫球场的经营将会创造 1250 个短期就业机会和 1440 个长期就业机会。总体而言，该项目能为阿伯丁创造 2.05 亿英镑的经济收入，能为整个苏格兰带来 2.62 亿英镑的经济收入。这些是我们提供方案中的一些数据，你可以看出来我们的调研是非常扎实的。不出所料，当地工商界对这一项目抱有极大的期待。对于我而言，这一项目要耗费 10 亿英镑，但是我乐意为之付出。

当我写下这一经过的时候，离我们最开始遇到环境保护团体的阻挠相隔已有一年，此后我们的项目开展基本上可以说是顺风顺水。这是为什么呢？我们又是怎样克服别人认为难以逾越的障碍的呢？这是因为当别人想和我们决斗的时候，我们却以温和的姿态化干戈为玉帛。我们同苏格兰国家遗产组织紧密合作，并且积极应对各方的关切。我们花费精力进行了大量的基础性环保调研工作，但是我们所花的每分每秒都是物有所值的。一路走来，虽然有种种磕磕碰碰在等待着我们，但是我们始终保持着警觉、开明和诚恳的态度，聘请了最优秀的人才来出色地完成工作。我们提供了一项卓越的方案，因此别人很难再质疑我们的诚信了。

正是因为我们事先就考虑到了项目的环保因素，这就给政府注入了一种信心，我们的所作所为会兼顾各方的最大利益。事实证明，充分考虑到当地的悠久历史和自然环境以及整个开发项目给这个地区带来的各种影响，这并没有拉我们的后腿。我也希望这一地区能在接下来的几个世纪一直得到人们的关注。苏格兰国家遗产组织所做的工作是正确的，我们所做的工作也是正确的。

我们还在等待项目中一些环节的审批手续，我让特朗普集团的乔治·索莱尔专门负责高尔夫球场项目，他每隔两到三周就会去苏格兰一次，现场考察高尔夫球场项目的进展。再过半个月我也会去那边考察一次，每次去苏格兰我都感到很兴奋（凑巧的是，乔治·

索莱尔的母亲在刘易斯岛出生长大，那也是我母亲的故乡）。

高尔夫球场的设计由英国著名建筑家马丁·霍垂担纲，我们希望整个项目能在两年内竣工。除了建设高尔夫球道之外，我们还会建成一座高尔夫学院和一片短杆练习区。在高尔夫的发源地建设高尔夫球场值得让我们投入这么多的心力，我们也希望把它建成世界上最棒的高尔夫球场，它可以成为举办高尔夫球公开赛和莱德杯的理想场地。

除了两个18洞球道之外，我们最后还会建成950座度假公寓、500多所住宅、一座拥有450间客房的酒店、36幢高尔夫别墅和一片能容纳400名员工的住宅区。这里将成为全球所有高尔夫爱好者的向往之地，当工程竣工之后，世界的高尔夫水准将更上一层楼。这一路走来我经历了诸多风雨，但是为了这一天我已经耐心地等待了整整5年，因此现在所花的每一点努力都是值得的。时至今日，我自己都快成一位地形学专家了。得到这样意外的收获，你说做人还有什么其他好奢求的呢？

10

和抱怨者割席而坐

——你可以给自己带来好运

你可能听说过"机遇偏爱有准备的头脑"这句话，我对此深为认同。我经常听人谈起某某人有多么走运，讲得好像自己不太走运一样。我觉得事实上这些抱怨者是自己不够努力，没有"让幸运女神青睐的资质"。如果你想走运的话，那么你就要提前进行一番谋划。

诚然，看电影比埋头努力更有意思，但除非你打算在电影界打出一番天地，否则你的时间就过得没有什么价值。要想让自己有才能就要下苦功，而下了工夫就会得到幸运女神的眷顾。如果对待成功你能拥有这种态度，那么你在人生路上就必然会得到很多收获。

现在，有很多人都在主张把自己内心的挫败感和焦虑发泄出来，认为这样对身心是有利的。从一定程度上讲，这个观点是有合理性的，但是严格来说却站不住脚。我最近读到一篇文章，里面谈及如果仅仅是抱怨而不能积极采取行动的话，那么这反而会对身心造成伤害。当前博客和很多其他表达渠道让太多的人把注意力放在了消极观点之上。这样一来，大家看问题的角度就有些偏颇了，而过于消极并不能缓解任何压力。

如果不能想出应对之道，就不要让自己在某个难题上沉沦太久并且煞费精力，因为这种做法根本就是不明智的。如果能朝积极的方面去考虑，而且创造性地去谋划一些应对之策是需要耗费脑力的。相反，整日怨天尤人却是一种偷懒的方法。你不妨集中精力来考虑问题积极的一面，并且想一想有没有应对良方，你自己的这种心态就容易让幸运女神垂青于你。

莎士比亚在名著《恺撒大帝》中说过这样一句名言："布鲁特斯①，错误并不在于星象，而在于我们自己。"这句话言简意赅，我们要对自己的行为负责，要对自己的运气负责。这一说法确实振聋发聩。如果你觉得责任心是一种无聊游戏的话，那么你就没有真正意识到其背后所隐藏的巨大机遇。

假如你眼下面临着一些挑战的话，我想说你也同时拥有很多机会。你选择怎样和抱怨者划清界限，就决定了你自己看待当前处境的视角。如果你相信自己能够掌握命运，而且真正成为了命运的主人，那么你就知道真的遇到困难时应该找谁帮忙，那个人就是你自己。你是自己成功、好运、权力和快乐的最大来源。

在上个世纪90年代我遭遇巨大资金困难的时候，我理智地挑起了重担，承认问题在于自己，因为我知道责备别人没有任何意义。那不仅浪费时间，而且在我看来也是另一种令人讨厌的失败。时间一去不可追，如果你发现自己陷入了责备别人的怪圈，那么就赶紧跳出来吧。

给运气提供它所需要的雨露，除了自己以外，没人能替你做这种准备工作。只要你发现运气需要靠自己去营造的话，那么就会拥有一种全新的视角。因此只要你踏实工作，开开心心，好运自然会常相伴。

––––––––––––

① 恺撒大帝的刺杀者。——译者

11

有时候你就需要放下架子

——特朗普国际饭店大厦

　　我们都听说过成功的整容手术，有时候手术的结果会让人眼前一亮。我也喜欢给大楼整容，有时候它的效果比大张旗鼓地盖一座新楼更好。但是，对旧楼进行整修的复杂程度往往比盖新楼更甚，这也是为什么一些开发商根本不愿意去花这个心思，而宁可把旧楼给拆了重新再盖一栋楼。我就有过这样几个成功的案例，这几座大楼都值得进行整修，而且修葺一新后它们也重新焕发了容光。不过，你首先要记住，你可能会面对未曾想见的诸多困难。

　　特朗普国际饭店大厦位于纽约中央公园西大道，这里视野开阔，整个公园一览无余。它曾被《旅行与休闲》杂志和《纽约邮报》评为最佳饭店。但是，也许很多人并不知道，这座饭店之前叫做海湾西方/派拉蒙大楼，它是通用电气公司的办公大楼，杰克·韦尔奇、约翰·迈尔斯、戴尔·弗雷等几任公司掌门人都曾在这里办公。这座大楼确实显得有些鹤立鸡群，因为它是中央公园西部为数不多的几栋高楼之一。该高楼盖成于上个世纪 60 年代，当时相关的城建法规还没有出台，否则在这片区域是不允许盖这种高楼的。

　　这座高楼吸引了很多人的目光，不仅仅是因为它的高度，而且

特朗普国际饭店大厦

因为建筑过程中遗留的一些问题，使得里面的住户感觉很紧张。如果有风刮来，甚至在速度仅为 15 英里的风中，大楼顶部都会有很明显的晃动感。这栋大楼虽然有抗震性，但是性能并不好，遇到大风天电梯都会停止，里面有的住户甚至会感觉犹如在海上晕船一般。有一次风特别大，高楼窗户的玻璃都掉了下来。这些闹剧都让这栋大楼远近闻名。

这栋建筑存在一些问题，而且是很大的问题。另外，整栋楼的外观设计也不成功，因为它采用了玻璃和便宜的铝材外立面，里面还填充了很多石棉。当然，如果看好的一面，大楼的建筑结构设计非常经典，而且它的尖楼顶设计也非常出众。正是因为这些重要的原因，所以我觉得这座大楼值得买下来进行重新整修。

当听说这座大楼要出售时，我就给戴尔·弗雷打电话约他见面。当时我得知全美国已经有多家大房地产商闻风而动给他打电话了，我知道自己遇上了劲敌。我安排了会面，向他们解释说，如果整栋大楼完全拆毁，这栋52层的出色建筑就只能夷为平地，替代它的只能是一栋19层的矮楼。仅仅出于这一原因，就值得我们为之付出努力，看看能否为挽救这栋大楼作出一些努力。不过，要让自己的努力有所斩获的话，就需要事先进行很多调研，我也马上动手准备了。

我提议将原来的钢筋结构进行加固，而大楼高耸的屋顶也符合住宅区的设计风格，这适宜于改建成一处高档的公寓区，住宅区在市场上比商用大楼要更抢手。通用电气公司似乎对我的建议很感兴趣，我对自己的提议能得到正面评价而感到高兴。当时，我唯一担忧的就是公司刚刚面临财务危机，所以通用电气在跟我们合作时或许会有些顾虑。

然而，事态接下来的发展让我感到有些措手不及。戴尔·弗雷打电话和我说，尽管他很喜欢我的点子，但是公司还是打算采取公开招标的方式来出售大楼。公司会邀请全美国最大的一些房地产商来竞标，也希望我能参与其中。通用电气的这一决定让我感到惊愕不已，因为我已经花了大把的时间来阐述我的想法，也和他们当面沟通过了。现在，我却又得重新来过，和竞争对手站在同一条起跑线上赛跑。

　　为此，我当时情绪有些低落，因为我需要和别人为了一个项目同台竞技，而我觉得自己根本没必要和他们比试一番。我禁不住想，通用电气公司当时表示对我的建议很感兴趣而且印象很深，这种表态莫非只是随口说说而已？我该何去何从？对于这个项目我肯定是感兴趣的，而且我已经为之投入了大量的心血。最终我决定放下架子，参与公开投标。我向来喜欢挑战，而公开投标让挑战变得更有难度了，因此我精心准备了一份细致的演讲稿。我说过要全身心地投入自己的事业，这就是很好的一个例子。

　　等待的日子让人受尽煎熬，但是最终通用电气还是打电话来说我们中标了。能被这家行业巨头挑中并开发这样一处项目是可喜可贺的消息，特朗普国际饭店大厦就要成为现实了，这使得我们为之投入的每一点心血都变得更有意义。通用电气的戴尔·弗雷和约翰·迈尔斯同我们一道实现了这一夙愿，他们都是杰出的领导。

　　1995年，我们开始拆除海湾西方大楼，只保留它的钢筋结构。我邀请了美国建筑大师菲利普·约翰逊同科斯塔斯·康迪里斯联合公司（Gostas Kondylis & Associates）一同来设计，从而确保大楼设计的完美水准。菲利普·约翰逊曾设计过著名的林肯中心国家剧院，离这座大楼步行只有几个街区的距离。这是非常重要的一栋大楼，我也希望它能够尽善尽美。我们大家最后看到的这座大楼也正是完美的结晶。

　　特朗普国际饭店目前已经成为纽约市首屈一指的酒店，饭店开设的让·乔治餐厅也是全球公认最棒的西餐厅之一。大楼里的酒店式公寓没过多久就销售一空了，不论是销售或出租任何单元都会有人排起长龙般的队伍。这也是把酒店和公寓捆绑在一起运作的第一次尝试，这种模式现在已经赢得了很多人的欢迎。但是，对于我而言，这其实算不上什么创新，只是用常规思维来想出合理的经营模式而已。现在世界各地都有人在模仿我的这种创意，而且都大获成

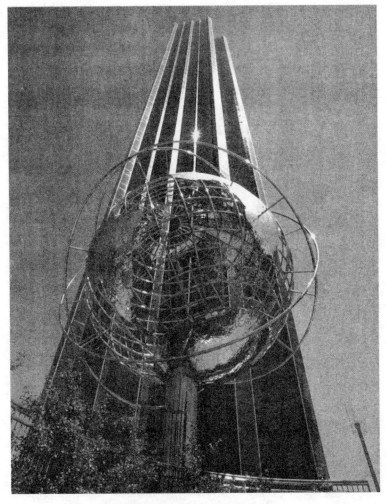

特朗普国际饭店大厦前的地球仪

功。从中我们得到一个启示：不妨多花点时间把问题想透彻。

诚然，原来的大楼存在着严重的问题，而且繁琐的项目审批程序让人皱眉，但这些都是挑战的一部分，它们也给我提供了更大的机遇。有时候，我们需要定睛仔细看看才能发现这些机遇。不过，请相信我，你所花的每一分努力都会有价值的。

12

勇气并非躲避恐惧，而是克服恐惧

勇气意味着绝不放弃。背弃理想很容易，失败者往往就是缩手缩脚的。被打倒是一回事，而自暴自弃则是另一回事。一些看似平凡的人之所以能够创下丰功伟业，正是因为他们百折不挠和永不放弃的精神。美国总统亚伯拉罕·林肯就是一个很好的例子，他的勇气成就了他不平凡的人生。

在《飞黄腾达》中，应聘者必须要经受残酷的筛选。应聘者往往多达几百万之众，而真正能够成功过关斩将的只有几人而已，成功的几率小之又小，因此我坚持认为只要敢于来参与这档节目的就是胜利者，他们来参加节目的时候都带着十足的勇气，他们都是赢家。在几百万观众的注视之下遭到拒聘很多人都会觉得下不来台，但失败也是参加《飞黄腾达》节目难以避免的一部分，大多数参与节目的人都说不论成功与否，他们的每一分努力都是值得的。

海明威说过一句名言："勇气就是优雅地面对压力。"这句话值得我们深思。有些时候，我们会遇到自己意想不到的挑战，但是我们必须要挺身而出，勇敢地面对它们。这就是勇气，这就需要我们能够处变不惊。也许这样做算不上是英勇无畏，也许我们并不会每天遇到灭顶之灾，但是我们都知道这是一种雍容大度。

自信是我们所需勇气的一部分，有时候都是靠逼出来的。曾和我一起共事的一位年轻高管跟我说自己不擅长在公众面前发表演讲，其实他一直就没有怎么作过演讲。我听着他说的话，对自己说："他都没有怎么尝试过在公开场合进行演讲，却跟我讲自己不擅长。"我预感其实真要让他演讲，效果也会很不错。几个月之后，当我发现因为时间排不开，没法去参加一个要发表简短演讲的晚宴时，我跟这位高管说他不得不代替我了。他说："我从来都不在公开场合讲话。"我对他说："你这次就得讲了。"我俩的谈话当时就停止了。你知道后来怎么样吗？这位高管后来成为一位著名的演讲人。勇气并非躲避恐惧，而是克服恐惧。

怯场现象也是一个很好的例子。我最近读到的一篇文章谈到怯场有多么常见，即便是职业演员也免不了会紧张。有很多大获成功的艺人都曾努力来应对这种压力，甚至花上几十年的时间。他们不会让恐惧阻挡自己前进的道路。我已经习惯于在数千人面前侃侃而谈了，每次自己也会饶有兴致，但是经常有人问我当时会不会紧张。我说自己不会紧张，我每次都会勇敢地面对。

英国首相温斯顿·丘吉尔是一位家喻户晓的演说家，但是我也从书中读到他曾经花了大量时间来训练演讲技巧。他并非天生就是一位演说大师，他也是通过很多努力才掌握这项技能，成为一名能言善辩、纵横捭阖的演说家的。下面这段话摘自他在二战期间所做的一篇著名演讲：

> 决不放弃！战斗到底！决不退缩！勇敢面对！无论面对任何艰难困苦，都决不退缩、决不逃避。绝不要屈服于武力，绝不要屈服于看似强大的敌人。

当丘吉尔发表这番演讲的时候，英国还处在被德国轰炸机夷为平地并惨遭蹂躏的威胁之中。或许你并没有遭遇过德军闪电战的袭击，但是你依然可以每天都在这种乐观精神的光芒下生活。有些时候，很多意想不到的事让我感到措手不及，就像遭到闪电战袭击一样。我不会选择屈服，你也一样不要屈服。

勇气还有另一个好处，那就是能帮助你用正确的思维来考虑问题和做出行动，它会让你关注面前的机遇，而非障碍。其实，很多问题换个角度去考虑就是机遇，只不过它的表现形式让我们难以察觉罢了。这种情况在我身上已经发生了无数次，因此我说自己喜欢接受挑战是有原因的。你一定要让自己保持思路开阔，能够虚心接纳各种解决方案。爱因斯坦曾经说过："造成麻烦的思维是肯定无法用来解决麻烦的。"这种态度可以让你避免陷入思维陷阱并帮助你找到对策。

再来谈谈勇气吧。记住恐惧是可以克服的，要知道自己是有勇气的，是能够夺取胜利桂冠。如果能有这种必胜的心态，那么你攻城拔寨的努力就已经成功了一半。全力向前冲吧，成功自然会属于你。

13

充满激情：这是愚公能移山的惟一通途
——建设特朗普国际高尔夫俱乐部

当我决定要建造自己的第一个高尔夫球场时，我在棕榈滩的马阿拉歌庄园找到了一块很好的地段，决定全力投入。我聘请了高尔夫球场的设计师吉姆·法齐奥来担纲设计。当他告诉我如果要把这块地势较平的地段变为一块上佳的高尔夫球场，需要搬运的土石方

棕榈滩

量会高达300万立方英尺时，我连眼都没有眨一下，我对建造自己的第一个高尔夫球场感到兴致勃勃，因此哪怕需要愚公移山我也在所不辞。

不过，我又陷入了之前曾经遇到过的处境。在我听到300万立方英尺这个数字以后，吉姆·法齐奥又告诉我需要搬运来5000棵树，外加1000棵皇家棕榈树和1000多棵椰子树。另外，还需要花200万美元去购买各种小型植物来进行整个高尔夫球场的绿化。光是17号球洞的上下水系统就会花费300万美元，而且要花整整9个月才能完工。这是一个18洞的球场，天哪，我都已经开始为工程量之大而感到担忧了。

我知道吉姆·法齐奥是毫不隐讳地把自己想到的工程量数字告诉了我，他的诚信是有口皆碑的。我跟自己说，要完成这么一项不同凡响的工程，开销确实是有这么大的。

低　谷

我意识到原先4000万美元的预算投资量可能太低了。这是一个擅长盖大楼的开发商去建高尔夫球场都会遇到的问题吗？我是犯了一个大错吗？我是不是应该专注于自己的老本行呢？

我经常建议别人要先做自己熟悉的事，要一丝不苟地做尽职调查，永远也不要盲目乐观。我问自己怎么没有听从自己给别人的建议，现在面对很多棘手的问题，而自己却不是专家。尽管如此，我对自己能够建一座出色的高尔夫球场而感到兴奋，这也是促使我继续前进的动力。

吉姆·法齐奥经常说，和我共事最舒服的一点在于我从来都不会提醒他钱花得太多了，相反我会问："你还需要什么支持吗？"吉姆·法齐奥说我的这种支持有助于帮他增加很多创意和灵感。我很高兴他能这样想，因为我确实是放手支持他干的。实话实说，我也有过怀疑，尽管不是忧心忡忡，但是我也感到过忐忑不安。

例如，要搬走 300 万立方英尺的土石方和种上 5000 棵树可不是一项小工程，这花了我们整整一年时间。工程的前期进展并不快，但这也是无可奈何的，吉姆·法齐奥也付出了很多心血。不仅如此，当地的环境资源保护部门还要求我们一次开挖的面积不能超过 50 英亩，这就使得我们不得不把工程切作了 7 段来作业。我们还要把每棵树都标上序号，并建一个人工湖。因此，在高尔夫球场开建之前，我们就花了整整一年时间来作准备。

好在当面对自己喜欢的事物时，我总能做到很有耐心。我对于能建造一个出色的高尔夫球场而感到兴奋，也知道如果建成一个球场确实需要花费那么多努力的话，那么就花够心思吧。我决心已定，并且打算坚持到底，而且还知道有一位大师在助我一臂之力。吉姆·法齐奥的声誉名噪海内外，而我也有机会亲身体会到他是完全值得信赖的，对自己的工作也是满腔热血的。不过，是不是我自己的目标太高了呢？

当你面对这种情形时，你首先就要考虑自己为什么要做眼下的事。在前进途中，我们总会遇到这样那样的磕磕碰碰，但只要你能提醒自己时刻不忘原先的初衷，那么就会给自己在前进的道路上点亮一盏明灯。想明白这一点之后，我就放开脚步从容地向前走了。

后来，我又听说要移植橡树，而且要整整 1000 棵。光是把这些树搬过来就需要整整 5 个月之久，因为每棵树在运进高尔夫球场的时候都要被包裹着，而且一次最多只能运来 3 棵。这些树每棵都高达 20 到 40 英尺，它们会被种植在球道两侧，我希望它们能成为一道亮丽的风景线。

　　也是在这个时候，我听说了地鼠陆龟这种动物，这也让我陷入了新的困境。应对常见的规划问题我已经轻车熟路了，但是地鼠陆龟该怎么办呢？在球场上生活着60只地鼠陆龟，它们都值得百般呵护。我们进入了它们的家园，因此就需要确保它们的生存环境没有因为我们而退化，甚至还应该因为我们的到来而更加理想。安全转移这些地鼠陆龟成为我们的一项重要使命。在这一过程中，我也了解到许多和地鼠陆龟有关的知识。例如，行家知道它们会挖出40英尺见方和10英尺深的地洞，试想一下，这将给高尔夫球场带来多大的影响？尽管我很佩服地鼠陆龟的这种勤奋，但还是应该把它们安全地转移到别的地方去。

　　在经过一年多时间的精心准备之后，球道终于开始建设了。我们在建每个球洞的时候都一丝不苟，最后的球场也堪称巧夺天工，这一评价绝对是中肯的。

　　这正是我想要的球场，这也正是我拥有的球场。看着每一棵树，我觉得每一分心血都是值得的。而且，我可以坦言，球场上的每棵树我都很熟悉。2006年，我们又建了一座9洞的高尔夫球场，也依然广受好评。我的高尔夫球场除了设计出众之外，球场的建设也堪称精品。

　　特朗普国际高尔夫俱乐部的成功和优美环境帮我进一步树立了信心，让我建设了更多的球场，而其他的球场也一样备受好评。在建设每座球场的过程中我都遇到了不同的挑战，但是在成功迈过建设第一块球场中的诸多障碍之后，我就有信心迎接以后的挑战了。需要移山吗？需要给乌龟搬家吗？统统不成问题。

特朗普心得
——让生命绽放奇迹

我想对你说：如果对自己的事业充满热情，那么你最终便能品尝到成功的甜蜜。你要确保同你一起奋斗的人能和你一样富有激情——吉姆·法齐奥和我一样，对工作会全身心投入，当你看到竣工的完美球场后对此就会深有体会了。如果你热爱自己的工作，那么克服障碍也正是你每天为之努力的方向。请你记住这一点。

14

如果面对严峻的问题，
那就从中挖掘巨大的机遇

——将破旧街区改造为世界胜地

如今，纽约市的中心车站不仅风景宜人，而且是一个游览胜地。这个街区充满了活力，修葺一新。然而，在 70 年代，这个街区的面貌可没有这么美观。这里破破烂烂、年久失修，除了来去匆匆的过客以外，谁也不想在这里多停留片刻。谁又能责备这些过客呢？如果这就代表着纽约的精神面貌，那么我也想离开。

我是一个纽约人，我热爱这座城市，而且会一直爱下去。因此，这种情形值得我为之付出努力去改善，而且我也在这发现了巨大的机会，这种机会并不是仅仅将一座老饭店改造成一座金碧辉煌的新饭店，而是提升整个街区的品质。我就是有这种宏伟的抱负，如果你一次可以实现两个甚至多个目标，为什么只达成一个呢？

位于中央车站旁的老康莫德饭店已经麻烦缠身了，它那破旧的外表简直是大煞风景。经过这栋大楼的人都是从漂亮的家中走出来，去干体面的工作的。除非这座城市不再有人烟了，否则他们每天还会这样继续步行。我知道整个街区的民众都希望提升生活品质，因此收购康莫德饭店已经成为当务之急了。

不过，在得知我的计划之后，连我父亲也觉得有些不可思议。他说："现在连纽约市著名的摩天大楼克莱斯勒大厦都在赔钱，你却要在这个时候买入康莫德饭店，这不像是削尖了脑袋要往通向末日的泰坦尼克号上挤吗？"父亲知道这笔投资有很大的风险，这一点我也了解。我换一个角度来考虑，知道这是让街区进一步繁荣的重要一步，我可以为一些初涉职场的人提供就业机会并提升街区的整体品位。我想要把这个街区建设得漂漂亮亮的，这就给了我克服所有艰难险阻的勇气。我们不妨都可以记住这一点，在前进的路上，可以用自己的想象力来勾画美好的蓝图。这样做就能让你用正确的心态来看待烦琐的细节和磕磕碰碰。

在我开始正式谈判收购这家酒店的9个月前，宾州中央铁路公司花费了大约200万美元对酒店进行装修，但是效果很不明显，这家酒店还需要下猛药进行改头换面。饭店还欠600万美元的应缴税款，这种局面让酒店的所有者觉得也不太满意，因此纷纷决定退股。在花1000万美元买下这家酒店之前，我还不得不同其他利益相关方达成一项内容复杂的协议。我需要得到纽约市政府的减税优惠，需要有一家酒店管理公司来运营这家酒店的承诺以及融资方的支持。这一过程道路曲折，总共花了好几年时间才全部谈妥。

当时，宾州中央铁路公司让我支付一笔不可退还的25万美元的定金。我必须要给自己争取一点时间，因为这是一大笔钱，而且显然存在着风险。为了能和对方继续商谈，但是又给自己多争取一点时间，我让律师在合同上字斟句酌，好把谈判的进程拖慢。

同时，我还要寻找一位才华过人的设计师来让这座酒店焕发容光。我签约的一位年轻建筑师德尔·斯库特在得知这一消息后马上就表示了兴趣。德尔·斯库特明白我想要彻底改变这座破破烂烂大楼的面貌，把它打造成美轮美奂的建筑，而且让整个地区变得面貌一新。

我想提醒大家注意的是，当时我还不敢确定这笔交易一定能够成功，但是我头脑中存在着清晰的目标，所以已经腾出时间去和建筑师见面了，似乎这笔交易已经是囊中之物了。我的这种想法很乐观，也很务实，让整个流程在往前推进。如果一件事不能奏效的话，或许另一件事可以，而且我还和某位同我彼此尊敬的建筑师进行了沟通。即便这个项目没有成功，当下一个大项目出现之后，我们还能继续合作。

我聘请德尔·斯库特来做一些设计图，并让他精心准备一份演示提纲。同时，我也开始给这家酒店寻找运营商。当时，我还是初涉酒店业，我需要找一家极富经验的酒店运营商，因为我规划中的酒店将有 1400 个房间，占地 150 万平方英尺，这将是一个大项目。

我想找一家大型酒店集团，最大牌的包括希尔顿、凯悦、喜来登、假日饭店和华美达酒店。在我心中，最理想的选择是凯悦，因为它旗下的酒店设计都非常现代，而且光线明亮，这将给原来昏暗破旧的康莫德饭店带来期待已久的新鲜血液。另外，尽管希尔顿当年在纽约市已经开设饭店了，但凯悦集团还没有进驻，因此凯悦可能会对这一方案感兴趣。

我的判断没错，凯悦集团确实感兴趣，我给凯悦的总裁打电话并讨论了合作事宜。不幸的是，在我们商谈之后，他却要改变承诺，这也严重影响了项目的进程。我只得给凯悦集团的另一位高管打电话，他建议我直接联系公司的大老板杰伊·普利兹克，他拥有公司的控股股份。我打过电话之后，杰伊·普利兹克对这个计划非常感兴趣，直接就来纽约和我见面了。我们谈得很投机，很快就成了平等合作的伙伴。在我把酒店建成之后，凯悦集团负责来运营这家酒店。我对此感到很兴奋，我们于 1975 年 5 月份向媒体公布了这一消息。

我在融资方面还需要付出努力，还需要从纽约市争取到数百万美元的减税优惠政策。我已经有酒店运营商和建筑师来助我一臂之力了，而且对项目也有了一个大致预算，因此在推进项目时心里也更有谱了。我聘请了一位 60 多岁、经验丰富的房地产经纪人。当年我才 27 岁，有了这样一位经验丰富的达人在身旁相助，让我感觉如虎添翼。我们俩在融资方面携手努力，合作非常愉快。这一点值得让我铭记终生，那就是要选择同合适的人来共事。在和凯悦集团打交道时，我绕过了拉后腿的总裁，直接给杰伊·普利兹克打电话；现在我找到了一个经验老道、忠心耿耿的经纪人来弥补我的不足，这也是另一个明智的选择。你是不是觉得我有点在吹嘘自己？这得由你来判断了。

但是，快速获得融资也让我们陷入了一种两难的处境：如果拿不到融资，那么纽约市就不会考虑给我们税收减免的优惠；而没有税收减免的优惠，银行对于给我们放贷似乎就不那么积极了。我们似乎处处都被掣肘，因此我决定改变做事的方法。我们抓住了银行家们对破旧街区的负疚心理，告诉他们如果帮助我这样的投资人把街区变得更漂亮，他们其实是在改变街区的命运。我将把一个会退化成贫民窟的区域变成一个充满活力的街区。这些银行家们为什么不选择参与其中呢？不过，我的这番努力没有奏效。

低 谷

我们这一项目的成败到了关键时刻。我们终于找到了一家看似很感兴趣的银行，我们和他们进行接触，花了无数的时间和精力来做沟通。但是，这家银行的一位重量级人物却突然改变了主意，找了一件无关痛痒的小事来把整盘棋给搅黄了。我们想方设法去说服他，但是他却不为所动。这时候，我对自己的经纪人说："实在不行，这笔买卖就不做算了！"我当时真是这么说的。

你可能觉得我会这样说很奇怪，但是我也真的有过那么几次想要中途放弃的经验。我的经纪人和律师乔治·罗斯说服我要坚持到底，他们提醒我已经在这个项目上花了大量精力了。我也马上调整了心态，决心要坚持到最后。我本性上就是一个坚忍不拔、不会轻言放弃的人。我把这段故事告诉大家，是想要说明，有些时候我也会遭遇难以逾越的鸿沟，看不到一丝胜利的曙光。这是项目进展中的最低谷，但是因为我一直坚持，反而绝处逢生了。从此以后，我的信念变得更加坚定了。

虽然还没有拿到融资，但是我决定先从市政府这边着力，我向他们解释目前的处境：凯悦集团急迫地想要进驻纽约市场，但是除非政府能够提供地产税收方面的优惠政策，否则凯悦会觉得运营成本太高。在表达这一观点的时候，我说得很直白，但却很奏效。纽约市政府和我达成了一项合作协议，我得到了长达 40 年的减税优惠政策。这一合作对双方都有利，我会斥资 1000 万美元买下康莫德饭店，其中 600 万美元作为补缴税款给了市政府，之后我用 1 美元的价格把饭店出售给市政府，然后市政府再把酒店租给我 99 年。

这项协议是不是很麻烦？是挺麻烦的，但是却管用，我们最终得到了两家金融机构的融资，其中一家机构的办公地正好位于康莫德饭店的对面。我觉得这两家机构也不希望这一街区蜕变成为贫民窟。他们也知道，一家崭新漂亮的酒店能够给这一区域带来更多美好时光和黄金商机，也会让这一区域变得活力十足。

结　果

我不知道你有没有见过凯悦中央车站饭店，它外面有四面闪闪发光的强化玻璃幕墙，映衬出周围优雅的建筑群。让人感到难以置信的是，这种设计最初还遭到了周围居民的抵制，因为他们觉得和街区的整体风格不相匹配。不过，这些居民并没有意识到玻璃幕墙恰恰突出了周围建筑的美感和曼哈顿高楼群的城市气息。现在，不论是周围的居民还是批评人士都很喜欢这座建筑。它打出了中央车站街区改头换面的大旗，1980年开业的这家酒店大获成功。我因为自己当初没有放弃而感到高兴，因为这给我的人生和纽约市都画上了亮丽的一笔。

特朗普心得
——让生命绽放奇迹

要预见到前进途中肯定会遭遇挑战和挫折，这是情理之中的事。如果你没有遭遇严峻的挑战，轻轻松松就把事情搞定了，那么可能你做的事情并没有太多的价值，而且你也不太容易挣到很多钱。一个严重的问题往往预示着一个巨大的潜在机会，你要作好准备沿着前进的道路一直奋斗打拼下去。

不要害怕同时理清多重头绪，也不要害怕同时和几个人打交道，因为一条路走不通之后，你还有其他的退路。我敢向你保证的是，不是一切事情都会遂愿，你往往要多走几步棋，才会走出一步好棋。这就是百折不挠的精神，这也是开启成功大门的钥匙。

15

培养一种求索精神

——来自我幼儿园老师的一封信

我每天都能收到很多封信，准确地说，应该是成堆的信。不久前，我收到自己幼儿园老师写来的一封信。在一大堆信中发现自己的启蒙老师写来的信，还是让我感到有些意外。她说我给她留下最深的印象就是一个"十万个为什么"，我是她见过最爱提问的学生了。我给她回信说，本性难移，我现在还是很爱提问题，这些年以来我的好奇心和求索精神让我获益匪浅。我也向她表达了自己姗姗来迟的谢意，感谢她那么富有耐心地聆听我那么多的问题。

我开始回想起自己的孩提时代，那时候我的每一个问题都是一段新探索的开端，其实现在也一样。我希望你也总是能对这个世界充满好奇，或许你的好奇心也是让你翻开这本书的一个原因。

艾默生有一句经典名言："和自己的内在相比，过去和未来的一切都是微不足道的。"这句话值得我们铭记，它能激励我们用大视野来看待人生，因为我们内心的思想宝库可以是非常丰富的。如果我们拥有这种心态，就能够开启创造性思维的大门，这样就能让我们拥有新发现和新成就。这句话也善意地提醒我们，不管我们今天作出了多大的成就，依然有很大的未知世界在等待着我们去探索。

也许我本性上就是一个好奇心很重的人，但是我觉得拥有好奇心是一件好事。我喜欢倾听别人说话，这样能让我受益良多。大家看一看我投资涉足的行业之多，也就可以明白我的兴趣之广：包括房地产业、娱乐产业、高尔夫球业和其他各种行业。让自己尽量拓宽思维的边界，就能够给自己带来更多的机遇，有时候一张机遇车票会让你搭上一班幸运快车。

大家已经了解，我不喜欢自满的人，也不喜欢那些自以为无所不知的人。你知道的越多，就越明白还有许多东西是自己所不懂的。虚怀若谷能够助你功成名就，相反如果骄傲自满则会让你多跌跟头。平心而论，如果你认为无所不知，你又怎么可能学到新的东西？

第一次来我办公室的人都会感到惊讶，因为我会向他们连珠炮似地提出很多问题。我记得自己曾经在办公室外面的长沙发上放了三个洗手间的地漏，我一时还拿不定主意更喜欢哪一个。因此，一有谁进我的办公室，我就会问他们最喜欢哪一个地漏，原因又是什么。你都不敢相信我的这些问题引发了多少次畅谈，我也因此大大加深了对这些人和他们品位的了解。

你要给自己一个机会，培养自己的求索精神。

16

知道什么时候该止损出局

特朗普穿梭航空公司

你知道什么时候出局比硬扛着更加明智吗？

在商海沉浮了这么多年，我认为如果你想要自找一大堆麻烦的话，不妨投资航空业。这个行业竞争太激烈，劳神操心，辛苦还赚不到什么钱。这也是最近在捷蓝航空公司(Jet Blue)身上看到的情况。捷蓝航空公司向来口碑很好，乘客的满意度也很高，但是一场突然而至的大雪导致的航班延误就把多年苦心经营的品牌给砸了，公司还不得不就管理不当而向乘客公开道歉。当时，我心里在想："航空业的局面就是如此。"即便是老牌的三角洲航空公司(Delta Airlines)最近也刚刚破产。

我之所以对这些航空公司的艰难处境有感同身受的体会，是因为在 1989 年到 1992 年期间我曾经拥有过一家航空公司，名叫特朗普穿梭航空公司(Trump Shuttle)。这家公司原本属于美国东方航空公司，我们运营从纽约拉瓜迪亚机场到波士顿、华盛顿等地每小时出发的航班。最初我接手这家公司，是因为美国东方航空公司在上个世纪 80 年代后期经营遇到了麻烦，因此开始出售航线业务以及位于东北部的穿梭航空公司。这条航线客流密集，我相信公司运营肯定能取得成功，需要做的只是进一步提高服务品质，让乘客感受更加舒适的空中旅行时光就行了。

我之前在航行方面的经验是曾经使用过直升飞机服务，它能把我送到亚特兰大市、纽约拉瓜迪亚机场、曼哈顿、汉普顿和哈特福德等地。我自己也拥有一架私人飞机，因此知道一个旅行者想要得到怎样的便利条件。我用最先进的科技手段对飞机进行了改装，包括航空公司的柜台装备也是一流的，飞机上还有笔记本电脑可以出租给乘客使用。波音 727 飞机还用精致的枫木地板装饰一新，并放上了其他漂亮的摆设。我开创了为穿梭客机提供奢侈服务的先河，之前他们得到的都是一些简简单单、必不可缺的服务而已。

低　谷

我们遭遇了寒流。我进入这一行业的时候就知道美国东方航空公司已经麻烦缠身了，而当我收购穿梭航空公司的时候，刚好赶上机械工人罢工。我们遇到了障碍，而我不是一向都擅长克服障碍的吗？不过，航空业的麻烦可不太一样。当时公司发生的罢工延续了很长时间，很多乘客都转投了美国铁路公司和泛美航空公司的怀抱。不仅如此，当时的经济步入了衰退期，而且 1990 年因为伊拉克入侵科威特，导致国际油价飙升。在航空业，就算今天屋顶不漏水，明天地板也会出问题。在这个脆弱的行业中你永无宁日，政界、经济界、劳资关系或是天气的阴晴好坏以及其他上百个变量都会给你的未来蒙上阴影。

大家也知道，因为当年的经济衰退，我所遇到的财务危机不仅没有减缓，而且在变得日益严重。1991 年时,《华尔街日报》和《纽约时报》预言我的整个商业帝国将会崩溃。1991 年时，我确实有几项业务遭到了重创，但买入特朗普穿梭航空公司是在 1990 年。我相信特朗普穿梭航空公司能够东山再起，躲开经济危机的冲击。但是，我的判断过于乐观了，特朗普穿梭航空公司从来没能盈利，由于其他一些投资项目也出现了亏损，我的几个债权人对特朗普穿梭航空公司的投资开始失去了耐心。1990 年 9 月，特朗普穿梭航空公司的所有权归属到了其债权银行——花旗银行名下。中间的具体细节说来就话长了，但是长话短说，特朗普穿梭航空公司在 1992 年 4 月份停止了营业，并入了另一家公司，最后被美国航空公司收购。

实话实说，离开了这一行我感觉特别轻松。当年投资的时机并不好，不过我一直在关注着航空业，我觉得这一行的投资时机从来都没有好过。在这一行里，你根本甭想轻轻松松地赚到钱，而且这个行业要求的门槛特别高，变动因素太多。这也是为什么我觉得难以相信维珍航空公司的老板理查德·布兰森能从这个行业赚到任何钱。他比较走运的是还涉足其他行业，否则我根本不相信他的航空公司在财务上能撑得下去。

对于特朗普穿梭航空公司，我觉得自己已经竭尽全力地想要把它打造成一个成功的公司了。我努力为客户改善旅行条件，并且也进行了一些创新。但是，这些努力都是徒劳无功的，因为外部阻力实在是太强大了。有些时候，你会明白最好的决定就是毅然止损退场，把注意力放在其他事情上。这也给我上了很好的一课，让我知道有些行业是不能贸然进入的。拥有自己的飞机我就感到相当高兴了，我很少去坐普通商务客机，我并不怀念乘坐商务客机的日子，也毫不怀念航空业。

特朗普心得
——让生命绽放奇迹

有时候你拼尽了全力，但就是难以奏效。问题在于，你觉得什么时候应该放弃？在遭遇相同的困境时，我一般能比其他人坚持得更久。这也是为什么在别人会失败的时候我往往能够成功的原因。但是，我也知道有时候要知难而退。也许你确实失败了，但是你也学到了宝贵的经验。把失败当作自己经历的一部分吧，不要因此怀疑自己的能力，把注意力放在寻找下一个挑战上吧！

17

做生意就是洞晓世界

到底什么是生意？什么不是生意？它是干什么的？它的运行规则是什么？对于这些问题，大家的看法可以说是仁者见仁，智者见智。多年以前，我领悟到一件重要的事——做生意就是洞晓世界。这是一个宏伟的目标，我在领悟到这一点之后，就发现很多原来没有留意到的机遇正扑面而来。

我开始把这个世界看成一个成长型市场。只要你拥有这一观念，那么你的视野马上就会发生改变（视野是成功所必需的）。实际上，如果你能把自己所在的街区、城镇、国家都看作是一个成长型市场，那么你就会发现自己是非常富有创造力的。即便你已经熟悉每一条街道、每一栋房子和每一棵树木，但是你依旧会有很多全新的想法。对于生意人而言，全新的想法是无价之宝。

如果你脑子里突然间出现了一些很好的想法，你不妨扪心自问："我有没有假装对一些东西视而不见？"这是对你盲区很好的一个测试方法，不要把这些突发奇想随便扼杀，而是要更加全面地来审视它们。

了解世界就意味着要能够熟悉全局，这势必要比做只有一孔之见的井底之蛙好。我们不了解的知识或许和我们了解的知识一样重要。如果未知的世界都无法激发你的好奇心，那我还真不知道有什么能让你感到好奇。如果你想要大获成功的话，那你就要有一颗求知若渴的心。

多年以前，我就拥有这种"胸怀世界"的远大抱负，我年轻时刚在曼哈顿打拼就有这种态度。当年我的短期目标是要让自己功成名就，而自己的终极目标则要更加远大一些。不过，你首先要把一些最基础的事做好。现在，我在全世界的很多国家开展业务，特朗普的这个品牌也传遍了全球，我想这并非偶然。

除了百折不挠的信念和坚定的意志之外，我觉得世事通明和具有世界范围的历史观都是成功的必备条件。在你身边可能会见到一些侥幸成功或致富的人，但是大多数情况下，你会发现，能够开创大事业，而且长期以来因为勤奋而成功的人对世界的了解会更加全面。

我想科技推动现代商业的发展正是一个很好的例子。富有远见的人比我们大多数人都要更早地预见到了一些科技趋势，我们很多人对此甚至压根就没有想过。因特网把整个世界联结到了一起，让人们彼此之间的联系不仅充满了亮色而且很有效率，全世界的人都受到了互联网的影响。科技的变化如此迅猛，即便是业内人士也很难完全跟上它快速变化的节奏。有人曾经说过："这么多变化真的有必要吗？"我的回答是，其实冰箱也不是真有必要，没有冰箱之前，世界也照常运转了很多个世纪，但冰箱确实是一项伟大的发明。实际上，在过去很多年，一个国家生活品质高低的一项指标就在于那里的民众是否拥有冰箱。

华尔街上的金融公司经常会提及成长型市场。这些公司里设有专门的部门来关注全球发展中国家的新兴市场。中国、巴西、俄罗斯和韩国等国家给世界经济带来了重要的影响。如果你生活在这个世界上，你最好还是对此有所了解，因为它很有可能会影响到你和你的商业目标。

我的建议是既要立足本土，也要放眼全球。或许为了做到这一点，每天你要多花上一个小时，但我可以向你保证在这方面所花的时间和精力绝对是值得的。我怎么会知道这一点？你住在哪个国家？你有没有听说过特朗普？这就是答案。

18

如果你坚信能 6 个月干完一项原定 6 年完成的工作，那就真有可能做到

——纽约市中央公园沃尔曼溜冰场

有时候我要做的项目需要同很多组织和官僚机构打交道。人们常说，你斗不过政府的，但是我违背常理行事似乎也没有惹上大麻烦。用自己的头脑想一想，然后尽量去努力，如果一个目标值得你为之付出的话，你就更应该努力打拼了。我这次要打拼的目标还跟自己有关系，因为它关乎我从起居室的窗户向外眺望的风景。

我在特朗普大楼的公寓可以俯瞰历史悠久而又风景秀美的纽约市中央公园沃尔曼溜冰场。在冬季，当你望向窗外，发现溜冰场上有很多人在追赶嬉戏，那真是一幅美丽的画卷。遗憾的是，溜冰场连续关闭了 6 年，连续 6 年看着原本热热闹闹的溜冰场陷入沉寂，终于有一天我深受触动。重新开发溜冰场的过程绝非易事，其实我接手这个项目就是在自找麻烦，但是这最终会让很多纽约市民和成千上万的观光者受益。我当时是自愿为这个项目去挥洒汗水的，而它最终也成为我得意的项目成果之一。

纽约市政府的管理失当在沃尔曼溜冰场整修项目上体现得淋漓尽致。市政府的整修项目拖拖拉拉进行了 6 年，总花费也高达

沃尔曼溜冰场

1200万美元，但是沃尔曼溜冰场依然没能对公众开放。到了1986年，纽约市政府宣布整修计划将从头再来。得知这一消息之后，我觉得自己再也看不下去了，就给爱德华·科奇市长写信，提议在6个月之内建起一座全新的沃尔曼溜冰场，我不需要纽约市帮我承担任何费用，这就算是我献给这座伟大城市的礼物。

但是，我这样富有诚意的表态竟然遭到了科奇市长的拒绝，他还把我的这封信刊登在纽约的很多报纸上以示奚落。但是，科奇市长没有想到的是，纽约市的记者和民众都站在了我这一边，他完全低估了媒体的睿智反应。有一份报纸一针见血地写道："市长这样做，除了证明纽约市没有能力干完这项工程，其他什么也算不上。"市长对我这么慷慨的提议竟然泼了冷水，这让我想起一句俗语："好心当成了驴肝肺。"

第二天，在报纸和民众都倒向了我这一边之后，科奇市长也完全改变了自己的立场。仅仅过了一天，纽约市政府竟然开始求我来接手沃尔曼溜冰场的项目了。1986 年 6 月 6 日，我们在我的办公室开了一次会，纽约市的政府官员也参加了。长话短说，我们当天就达成了协议。我负责出资改建沃尔曼溜冰场，并答应在当年 12 月 15 日之前完工。当时，政府答应最多给我 300 万美元的费用，如果所花费的费用不到 300 万美元，那么政府将对我的花费实报实销；如果改建的费用超过 300 万美元，那么超过部分将由我自己负责。

低　谷

尽管我是发自内心地想承担这项整修工作，但我必须承认，当再次审视这项工程的状况时，我也不禁产生了几分迟疑。这个溜冰场占地超过一英亩，是全美国面积最大的人造溜冰场之一。溜冰者休息室的屋顶上布满了窟窿，漏水情况很严重，整个溜冰场需要 22 英里长的管道，而且需要两台重达 35000 磅的冷冻机。我已经公开承诺过要在半年之内完工，我在想这一承诺是不是在把自己推向尴尬的境地。如果我没能如期完工，那么所有的报纸全都会铺天盖地充斥着对我的嘲讽，我的声誉也会大大受损。我在前进的途中遭遇了困难，这是毋庸置疑的，但是当我头脑中出现了溜冰场完工后的漂亮画面时，心中的疑虑就一扫而空了。我知道自己是能够干完这项工程的，但它绝对不是轻而易举的。

溜冰场破旧的状况并不是最严重的问题，最头疼的是整个维修过程看起来就像碰碰车游戏，没有方向，让你摸不着头脑。在整个维修过程中，没有任何人在发挥领导作用。因此，我决定挑起重担，每天都要亲自过问工程的进展。我想知道工程进展得怎样了，谁在干什么工作，我要亲自监督工程的每一步。例如，我对建造溜冰场一无所知，因此我就去寻找最好的溜冰场建筑商。我和专家交谈，选定了一款盐水冻结器，这种造冰设备价格更昂贵，但是更加耐用。我把重造这座溜冰场中一点一滴的工作都当成是自己分内的事。

溜冰场比预定的还要提早一个月完工，而且没有超出原定预算，我们的付出是有回报的。溜冰场重新对公众开放那一天热闹非凡，著名滑冰运动员佩吉·弗莱明、多萝西·哈米尔和斯科特·汉密尔顿等明星都悉数到场庆祝。我们终于又有了一个正常对外开放的溜冰场，纽约人也多了一个可以去玩耍的地方。溜冰场的所有收入都捐给了慈善事业和纽约市的公园委员会，这是皆大欢喜的一个结局。

这个工程容易吗？我花了九牛二虎之力。花那么多气力值得吗？实话告诉你，我觉得特别值得。如果你来纽约市的话，最好来亲眼看一看。在纽约市中央公园绿树成荫的环境下滑冰，同时欣赏这个城市高楼的轮廓，这将成为你终身难忘的体验。

后记——21 年后回首沃尔曼溜冰场

沃尔曼溜冰场项目之所以管理混乱，纽约州一部糟糕的法律起到了推波助澜的作用，这就是 1921 年通过的《威克斯法》。这部法律要求地方政府在承接费用超过 50000 美元的维修和新建项目的时候，必须要雇用 4 个独立的承包商（建筑、水管、电气和供热通风）。地方政府必须要把项目给当地出标额最低的承包商，尽管它们本可以仅仅雇用一个综合性的承包商，由这个承包商来管理分包商要更省时间和费用。《威克斯法》并没有鼓励竞争，而是把纽约州政府的建设项目成本推高了整整 30%。

让人感到欣慰的是，由于最近媒体的关注，《威克斯法》有取消的可能性。2007 年 5 月 29 日,《纽约时报》的评论版刊登了多萝西·萨缪尔斯撰写的一篇名为"从唐纳德·特朗普到埃利奥特·斯皮策①：依然在为一部让人煞费精力的法律而斗争"的文章。多萝西·萨缪尔斯是一位富有远见卓识的记者，曾经在很多重要话题上写过颇有分量的文章。在提到《威克斯法》的时候，多萝西·萨缪尔斯告诉读者我是怎样从政府的无序管理中拯救了沃尔曼溜冰场，并告诉了那些并非从事房地产行业的纽约市民一些内情。之前的做法会提高政府的花费和税收，也会影响到市民的实际利益。我觉得 21 年之后还能被人记得，并被人认可为一个促成了改变的人，这是应该感到开心的。我也希望这种政府无序管理的情况能很快加以改变，这会让所有人都受益。

---

① 时任纽约州州长。——译者

19

即便是在数百万人面前，也不要让恐惧阻挡你的脚步

——即便你心意已决，疑惑也会依旧浮现

《周六夜现场》的真实故事

即便你心意已决要勇敢前进，但是如果头脑中仍然不断有犹豫在闪现，你该怎么办？很多人误以为我在这个星球上每天都是自信满满地踱步前进。实际上，有时候在已经作出了重大决定之后，我也会陷入犹豫彷徨。挑战在于你该怎样面对自己的犹豫心态。如果处理不当的话，犹豫不决会削弱你的意志；相反，处理得当的话，犹豫的心态也能让你变得更加聪明，并增加你的成功几率。

我一直都记得全国广播公司的总裁杰夫·扎克尔有一天打电话给我，想约一个在我办公室面谈的时间。《飞黄腾达》已经在全国广播公司成为了热播节目，想想我俩都是大忙人，我不觉得他会有时间来拜访我。当他走进我办公室的时候，我都根本没有作好准备，更没有想到他会跟我说："唐纳德，帮我一个忙，来当综艺节目《周六夜现场》的主持吧。"

通常，主持《周六夜现场》这档热门节目都是比利·克里斯托、凯文·斯贝西、罗宾·威廉姆斯和亚历克·鲍德温等大牌职业艺人的专利。尽管受到这份邀请我感到很荣幸，但是我怀疑如果真的去主持这档节目会不会让自己最后陷入极其尴尬的处境。我犹豫了片刻，不过转念一想，这是一个巨大的挑战，也是一个很好的机会，而且这一过程可能会很有意思。因此，我就答应了请求。

低 谷

其实，我并不知道自己承担的这一任务有多严峻，但是等我反应过来之后已经太晚了。在杰夫·扎克尔离开我办公室之后，我脑子里就浮现出了现场很多观众的场面，这需要我准备说笑技巧，需要独白，需要面对演员达瑞尔·哈蒙德，他把我模仿得很像。除此以外，谁知道还会发生什么事。这个故事特别适合本书，因为它向我们清楚地展示了，面对巨大的风险，即便你决心已定想要勇往直前，彷徨犹疑以及害怕最糟糕局面出现的心态还是会随时浮现。实话实说，这一次我的心中十分迟疑。你踌躇满志地要干一件事并不代表一路上就会顺风顺水。我脑子里忍不住在想，如果这次主持搞砸了，成百上千万观众都会看得到，因为是现场直播，所以连编导修片补救的可能性都没有。要想让自己苦心经营的公众形象毁于一旦，这确实是个好机会。我心中的疑虑越来越多，最后我告诉自己要重整旗鼓才行。

我反复想了多次，最后还是觉得，这一档节目是富有传奇色彩的，我知道它的创始人罗恩·迈克尔斯和其他编剧都是很优秀的。我觉得自己要大胆尝试一下，正像我自己常说的那样，你要有远大的理想。

不管怎样，主持这档节目的过程是一段让人难忘的经历。首先，在周二的时候，我和以蒂娜·费领衔的天才编剧班底碰了面，他们问了很多问题，也提出了很多好建议。我们只讨论了一个小时，虽然时间很紧，但是却很有成效。周四，《周六夜现场》的创作团队就在一起过了一遍串词，他们都是专业人士，但都很有亲和力，我觉得自己心中的忧虑减轻了几分。但是，我也很清楚自己离专业水准还有很大一段距离，因此也在想怎样才能在接下来短短的两天时间里有明显的起色。另外，我也在担心自己怎样才能做到不忘词。面对公众演讲我并不犯怵，但那些发言稿都是我自己写的，而这次的情形却完全不同。

第一个开始忙碌的整天是在周五，我们开始一一排练《周六夜现场》中的俏皮话环节。舞台布景还没有完全到位，但是我在节目中将要表演的内容已经很明朗了。我身边有许多件事在同时发生，因此都顾不上去害怕了。主创人员给我安排了很多段情景表演，我需要在节目拍摄过程中扮演商务会议上的嬉皮士、言情小说的作者、律师、《王子与贫儿》中的一个角色（与达瑞尔·哈蒙德合作）、键盘手和其他各种角色。除此以外，我们还要考虑到不同表演片段之间换装的因素。在不同的剧情之间留给你换装的时间并不多，而每个表演片段都需要你换一下装。幸运的是，节目组有一支负责服装的造型师团队，他们在表演过程中指导我该怎样去换造型。因为我这个人喜欢打破砂锅问到底，所以不得不承认好几次因为进入脑子里的信息太多，我都产生了信息爆炸的感觉。

一切进展得都算顺利，我的自信心也变得越来越足，特别是当我看到经常参加《周六夜现场》的观众在排练的过程中都显得很开心，而且还忍不住大笑了好多次。接着，我看到了自己在情景剧"小鸡唱歌"中的服装，这是给特朗普鸡翅之家餐厅做的广告。这幕情景剧从一开始就大受欢迎。在剧中有好几只"小鸡"会唱歌，我还要站在中间。这有多搞笑就不用我来形容了。我跟大家说扮演

"小鸡"的服装已经用完了，但是剧组人员却没有放过我，他们给我找了一件明黄色的塑料披风，让我看起来像一只笨笨的会招人诟病的鸭子。我记得曾经和身边的人说过："我到底穿的是什么玩意儿？"

当时，我对最难挨的独白环节还没有作好心理准备。你可以试着想一想，你要走上有数百万观众收看的舞台，说话还要让大家觉得有趣，那种心理压力该有多大啊！你再想想，如果说的话并不好笑又该怎么办？我给你提一条明智的建议，压根就不要往这方面想。无论如何你都是要去说的，所以干脆不要去多想。

我想再次强调自己的观点，有时候你为了成功地做好一件事就必须无所畏惧。畏首畏尾只会让恐惧羁绊自己的手脚，阻挡你前进的步伐。尽管心中有些恐惧，但你还是应该坚持工作，往往在你工作的过程中恐惧就会消失。千万不要让恐惧阻挡前进的脚步。

当然，我也知道有些事是说着容易做着难。我记得曾经和布景师说："我该干点什么？我也可以帮你一起布景，我也能和你们一起干些事。"在排练的时候，当我自己越发投入之后，排练进展得就越发顺利。我们听到一些捧腹大笑的声音，说句心里话，我觉得笑声真是特别美妙的一种声音。不仅如此，我还成功地克服了压力和新环境的挑战，证明了自己的能力。当时，我还在脑子里想过，或许我可以让达瑞尔·哈蒙德某一天来我办公室，他可以调侃上几个小时，这样我就能好好放松一下。脑子里的这些想法帮我分散了一下注意力，不会因为第二天晚上的现场直播而感到压抑紧张。当时的这种体验现在我还记得清清楚楚。

第二天就是周六了，这一天大家过得都像马拉松一样漫长。我们在300名到场的观众面前进行了现场表演。这是一次彩排，而观众最喜欢的情景剧环节则留到了晚上。当时我才知道，直到晚上直播半小时之前我们都不知道要表演哪几个情景短剧，也不知道这几个情景短剧的表演顺序。我是一个干什么事都喜欢提前作好准备的人。例如，某个新项目的蓝图我会细细地研究很久，在出席一些重要会议之前作好充分的准备也是我获胜的秘诀，所以这种新的做事方法让我感到几分陌生。你试着想一想，一些我们已经排练了两天的情景短剧会被砍掉，其中包括我最喜欢的扮演言情小说作家的那一段，因此准备那些短剧所花的时间和精力就全都付诸东流了。在直播前我们才知道表演的顺序，而我们已经没有时间去作准备了。不过，等待我的确实是很扣人心弦的时刻。

我深深吸了一口气，意识到自己可能太过紧张了。我想到这是万人瞩目的节目，很多观众会收看，节目录下来之后，以后也会有很多人看到，我的照片也会挂在这档经典节目的演播厅里。我要搞砸了可怎么办？忘词了可怎么办？忘了在 5 分钟内学会的那首歌的歌词了该怎么办？穿错了衣服该怎么办？看起来不像一个受人尊敬的地产大亨，而是像一个傻子又该怎么办？不瞒你说，在这种关键时候，人的脑子里面会有千头万绪。如果你也曾经有过这种感觉，那么我们算是同病相怜了。我的建议是，坚持住，继续表演好。

当天晚上我就是这样做的，首先开始的就是一段独白，我想说那是我终生难忘的一个夜晚。包括负责服装的造型师、《周六夜现场》的专业编导人员、在现场和家中的观众，以及确保在我们开始演出前就要演奏的乐手在内的所有人，都度过了一段难忘的时光。我觉得让我最难忘的就是这段精彩时刻，这一周尽管忙忙碌碌、思绪万千，但是一切都是值得的。我之前曾经想过能成为《周六夜现场》的主持吗？我压根就没有想过，这也是机会让自己感到最欣慰的地方。如果你不打算把握机会，那么你是很难取得成功的。如果你能够冒险并改变自己命运的轨迹的话，那么就不要坐以待毙，你的努力至少能给自己的命运增加一点成功的可能性。有可能你的冒险不是去主持《周六夜现场》，但是冒险和让自己经历困境必定能给你的生命增加亮色。如果我能够在数百万观众面前，穿着明黄色的衣服，和一群"小鸡"又唱又跳的话，那么你肯定也能够偶尔冒一次险。我不想听你说的任何借口，努力向前，不要放弃！

特朗普心得
——让生命绽放奇迹

要让自己成为一条变色龙。如果出现一个富有挑战性的机遇，那就牢牢抓住它，并从中得到收获。冒险和犯错是学习新知识的最好方法。如果你敢于冒险，你的表现往往能让自己都大吃一惊。

奋力向前冲吧，不要给自己任何犹豫的机会。如果你头脑中出现"这事我可能做不了"的念头，你不妨换个思考的角度："如果我把这事办成了那感觉岂不很好?"

20

做人不要过于严肃

有些人在访问我们办公楼并听到我办公室里传出的笑声时，总会感到很惊讶。我是一个认真做事的商人，但是我也知道笑声的宝贵价值。这也是为什么当我看到有些广告中的人物拉长了脸想传递一种认真做事的感觉时，我总会付之一笑。其实，你根本没有必要做出一副紧缩眉头的样子。如果你不能欢笑的话，我倒是建议你不要做手里的工作了。你的工作毕竟不是做一个脑科手术大夫，因此不妨让自己放松一点。

我的朋友乔尔·安德森是一位非常出色和成功的商人。有一次，我邀请他来参加一个大型慈善活动，不过我直到这次活动结束后才得到他的回复。因为他在外出差，但是抽空给我写了一封短信，并寄来了一张支票。他说要多亏《飞黄腾达》这档节目，让我变成了家喻户晓的名人，因此他把我给他信中的签名卖了就足够支付这次的善款了。我给他回了一封信表示感谢，告诉他说我喜欢精明的、能随时随地捕捉到商机的朋友。我们俩都很开心，而且一项慈善事业还因此受益。

这是商业运营的一种方式，它能够给你的每一天都增加亮色。偶尔开开玩笑或是笑一笑，这样能让你每天要处理的业务和例行工作变得更有趣，你也会发现自己的工作变得比以前更有意思了。如果你能给共事的人带去笑声的话，那么他们也会感谢你的。

在第1季的《飞黄腾达》播出之后，我给马克·伯内特写了一封信，我在信中写道同他合作是一种美妙的体验。我向他解释说，在1987年创作《交易的艺术》(The Art of Deal)一书时，我根本没有想到它能成为一本畅销书，同时书中对在加州威尼斯海滩上卖T恤衫的一个年轻人有些偏见(那个年轻人就是马克·伯内特)。我还对他说，如果我对那些在海滩上晃悠的人说过什么不恭敬的话，那么"我现在把这些话收回"。我们不仅成为很好的商业伙伴，也成了好友，幽默让我们的相处经历变得更加愉悦。

你如果能有幽默感的话就能得到回报。几年前，我曾经给维萨(Visa)信用卡拍过一段广告片，拍摄团队要求我趴在地上忙乱地找东西，或至少表现出慌乱找东西的样子，想要找到自己的维萨信用卡。广告是在特朗普大厦拍摄的，我在大楼上手拿维萨信用卡，忽然一阵大风刮来，把我手里的信用卡吹到了街上。一个过路人看我一阵忙乱找到信用卡之后评价说："我觉得他演得真好。"路人的评价并不是我最在意的，关键是我度过了一段有趣的时光，而且这部广告片大获成功。如果我总是一本正经的话，那我就得不到那么多欢乐和一张数额巨大的支票了。最成功的生意就是要能让你同时收获欢乐和金钱。

21

有时候你不得不从头开始

——迪拜

有时候，即便你已经很成功了，也有资本能够随心所欲了，但从头开始对你才是最有利的。在这方面，位于迪拜的特朗普国际棕榈酒店就是最好的诠释了。我想大多数人都听说过位于阿拉伯联合酋长国的迪拜，在海岸边有一个人造的棕榈树形的岛屿，名叫珠美拉棕榈岛（Palm Jumeirah），这是现代工程技术和人类想象力的杰出成就。我和棕榈岛集团（Nakheel）一起合作来开发位于这座岛上的饭店大楼，棕榈岛集团在迪拜的地产投资超过了 300 亿美元。

Nakheel 在阿拉伯语中就是"棕榈"的意思，因此这个项目也会成为棕榈岛集团在阿拉伯海湾上的标志性建筑。2005 年，我们双方成为合作伙伴，同意把这座将要成为珠美拉棕榈岛上奢华代名词的酒店打造成为设计和创新的典范。我们双方都具备让这个项目绽放光芒的经验、能力和期望。

棕榈岛集团之所以吸引我的眼球，不仅是因为它过去取得的辉煌成就和专业经验，还因为它做什么事都会采取创新之道。我们最初的设计方案赢得很多关注，酒店原来的造型像郁金香的形状，需要采用一流的外部结构设计。我们对于这项能成为地标性建筑的设计感到非常兴奋，整座酒店预计将耗资 4 亿美元。

但是，在反复研究了这个设计方案之后，我们发现设计中依然存在着问题，我们都觉得这个设计看起来有些偏沉重，于是打算另起炉灶，把原来的方案彻底推翻了。不要害怕改变任何事情，改变

迪拜的日出

并没有任何过错。诚然，我们确实在第一套方案上花了钱和时间，但是如果你想要追求不同凡响的目标，那么你就需要付出不同寻常的代价。

新的设计方案让人眼前一亮，它采用的是分塔式和尖穹顶的式样，建造这座 48 层的高楼总造价将达到 6 亿美元，大楼会采用不锈钢骨架和玻璃外立面。尽管耗资高昂，但是建造这栋大楼是物有所值的。我们期待这座大楼能于 2009 年竣工。

当你致力于在全球范围内拓展业务的时候，就会有一些在国内开展业务时考虑不到的因素。例如，在 2006 年 2 月，我们就受到了国际政治和贸易纠纷的影响，也冲击到了这个项目的开展。世界局势总是会出现波动的，有时候我喜欢问，现在又发生了什么事情？无论如何，这只是做生意会碰到的一个问题，它会成为一种挑战，但也会给我们带来启示。

其实，引发这场争论的是阿拉伯联合酋长国得到美国六个重要港口的经营权，后来这些港口的经营权又集中到了迪拜世界港口公司这一事件。这一事件在美国引起了轩然大波，并引发了关于美国国家安全的争论。争论的焦点就是港口经营权的让渡会不会影响到国家安全。这一事件让迪拜成为了全美国和全世界关注的焦点，而对于我们公司而言，则有利有弊：利是因为所有人一下子都知道迪拜位于什么地方了，弊则在于涉及国家安全的争论影响了人们把迪拜视为上佳投资目的地的看法。我们要彻底消化这次争论所造成的影响需要一段时间。

让我觉得有意思的是，这次争论恰好发生在我们达成在阿拉伯联合酋长国的交易之后不久，我们能做的就是安然度过这段时间。这一争论不久之后和平解决了，我感到一身轻松。美国人的安全关切得到了满足，迪拜也向世人证明他们明白安全的重要性。

我们期待在迪拜的这家酒店 2010 年能开业，我已经明白这个项目值得我们面对每一种变数和挑战。在前进的路上我们或许还会遇到新的挑战，但是我已经作好了充分准备。

特朗普心得
——让生命绽放奇迹

为人处世要灵活一点。有时候，某个挑战会把你暂时击垮，你的计划可能会搁浅，你的目标也许实现不了，你可能在前进途中被迫停下脚步。你要重整旗鼓，决定从头再来是通向成功的第一步。

22

我跟朋友说他浪费了很多时间

——集中精力的威力

我为自己感到很幸运，因为我能够快速地调整自己的思维模式，无需浪费很多时间，就能让注意力集中到一件新事物上。例如，别人曾经评价过我主持会议的速度之快。我可以接二连三地主持数场会议，中间无需任何休息时间，但是会议却能开得卓有成效。我把这种能力归纳为理解什么是真正的注意力以及能切中要害的能力。

我的注意力总是集中在可能出现的问题或是挑战的解决方法上。但是，我却遇到一些思维方法和我不同的人，他们把自己（和我）的很多时间都浪费在了絮絮叨叨的抱怨上。在我看来，他们显然没有把精力集中在寻找解决问题的方法上。他们或是喜欢顾影自怜，或是根本没有花心思去寻找过解决之道。

思考是要花费时间的，因此不应该把思考浪费在不需要多想的问题上。每个问题都会有它的解决办法，强者自然可以找到解决办法，你要努力使自己也成为一个强者。

要想切中主题，其实你要做的就是问自己几个正确的问题并如实回答。我记得有一位老朋友工作不如意，跟我不停地抱怨自己的艰辛和苦衷，我多次告诉他选错了行业，他还是滔滔不绝地诉苦，我实在忍无可忍了，直白地告诉他浪费了很多时间。我这番话说得很直接，但却表达了我的心声，我希望他能够改弦更张。我的这种直白表述也起了作用，我让他把注意力集中到了解决方法上，而不是浪费在诉苦上。现在他事业成功而且生活美满。有时候，为了表达别人没有听到过的观点，直言不讳也是必要的。

那些看过《飞黄腾达》的观众都知道董事会的状况。董事会里的讨论往往就像一部热闹的肥皂剧，每个人都在互相表述各自的观点。你或许没有意识到，这种松散的讨论有时候会延续几个小时。我说的几个小时毫不夸张，在这么长的时间里，说的和最后决策无关的故事、观点和小道消息多得数不胜数。如果把会议的时间压缩到一个小时，你就能看出来哪些是能帮助我和顾问作决定的会议要点，其他的内容都是无关紧要的，它们就像肥皂剧里的背景噪音一样，只不过这些噪音非常大罢了。我想表述的观点就是在作决定之前，我们可以自己把这些不必要的噪音给砍掉一些。

把注意力集中在解决问题的方法上，而不是问题具体的细枝末节上。这就是集中精力的威力，我们要学会使用它。

23

为你的社区作点贡献

——特朗普海滨大道

住在纽约市的人都听说过琼斯海滩。关于这片海滩和海滨大道的故事，始于历史上著名的罗伯特·摩斯，他把长岛上的这条海滨大道视为自己最伟大的成就。我在 10 多岁的时候就去过琼斯海滩，它对我有着特殊的意义，其他成千上万的人也有同样的体会。因此，当有机会把海滨大道上的主要地段进行翻修时，我感到非常高兴。当纽约市园林局负责人伯纳黛特·卡斯特罗看到我的翻修规划之后，她认为这简直就是"上天恩赐的礼物"。我们在 2006 年 9 月公布了这一项目，海滨大道预计 2009 年春天对公众开放。

起初，这个项目也遇到了阻力，纽约市民抱怨说："特朗普的形象和琼斯海滩不吻合"。长岛历史古迹保护协会也表态说担心我们的施工会破坏琼斯海滩的视觉平衡。但是，当他们得知我对这个建设项目有多投入以及项目的一些细节，包括我对这些工程会给社区以及环境所带来影响的关切之后，就感到放心了。我甚至还给他们看了用来铺海滨大道的凯悦红天然石。我想海滨大道上如果铺上这种石材会非常棒，这和我铺设华尔街 40 号的石材是一样的，它会散发出红褐色的光泽，非常漂亮。

不管你做什么，总有人会反对你，但是这个项目是你为社区贡献力量的一个很好的例子。当反对者意识到这项工程将促进地区经济的发展，了解到工程完工后会非常漂亮的时候，嘘声就减少了，他们认为这项工程将会非常成功。他们的判断是正确的。这个项目将会使各方受益。我告诉大家要按最高品质来建设这个项目，要让它和海滩的悠久历史相媲美。

我们把海滨漫步餐厅拆了，并将建成一栋总面积为36000平方英尺的综合娱乐大楼，在这栋大楼中你可以欣赏漂亮的大西洋海景和公园的风光。大楼中设有多功能厅和餐厅，在这里可以举行社交和公司聚会，另外还有一个大厅和舞厅。它会让琼斯海滩在纽约市民的生活中重新焕发生机与活力。纽约市在接下来的40年里预计能从这个项目中赚到7500万美元。这栋大楼属于纽约州，但是建设这栋大楼没有花费纳税人一分钱。

当然，我们的长期租约需要特别立法。在纽约州，只有另一个公园的租约和我们一样长，那就是尼亚加拉瀑布。我们必须扫清路上的很多障碍，我们最终胜利了，这个项目也是很棒的一项工程。

能够帮助琼斯海滩恢复生机让人感觉很棒。我知道那些恶意诽谤者在看到项目设计方案同环境和公园的生态完美融合的状况后，也会觉得非常吃惊的。我在用自己的方式向罗伯特·摩斯致敬。我相信他会为此感到自豪的，其他喜欢琼斯海滩的纽约市民也会感到骄傲的。

24

捍 卫 国 旗

我曾为升美国国旗斗争过多年。你相信吗？在位于加州洛杉矶市的特朗普国家高尔夫球场，我特意竖起了一根旗杆，并高高升起了一面美国国旗。不过，我突然听到有人评价说这面国旗太大了。太大了？为什么太大了？这面国旗面朝太平洋，我想太平洋不会觉得它太大的。我从来都不觉得在美国国土上升起美国国旗是什么离经叛道之举，而这恰恰是美国国民应该做的。当然，有些心胸狭隘之人总会有抱怨的理由。

有人这样抱怨，但是我也马上就得到了后援。很多人都站在我这一边，认为要捍卫国旗迎风飘扬的自由。美国公众不仅富有爱国心，对我的高尔夫球场也很照顾。一夜之间，美国民众都知道这座濒临太平洋的漂亮的高尔夫球场了，他们也知道了美国国旗在我心目中具有崇高的地位，值得我为之去奋争。我自己并不需要去磨破嘴皮子来保住升国旗的权利，事件发生之后民众排山倒海的声援已经帮我赢下了这一役。

因此，我决定在佛罗里达州棕榈滩的马阿拉歌俱乐部也升起美国国旗。我也可以讲述在棕榈滩的故事，但是我答应过这座小镇不要透露其中的细节。不过，让我很欣慰的是棕榈滩镇很高兴，我也很满意，最重要的是美国国旗骄傲地迎风飘扬。你也要永远铭记：有些东西是值得你去为之奋争的，美国国旗自然是其中之一。

25

即使在一万名听众面前衣着不得体，也不要太过在意

——两次搞砸了的公众演讲

有时候每个人都会自取其辱，包括我在内。把事情搞砸在当时看来或许并不那么好笑，但是它们至少能让生活变得更加有趣。幸运的是，几乎在每个搞砸的场合，即便是大傻瓜也能够想到对自己最有利的一面。我知道这种说法听起来有点像陈词滥调，但的确在理。

有一次，我受邀去俄亥俄州的代顿市发表演讲，有 5000 名听众在等着我。我要从纽约市飞往代顿市，还有一班摄影队伍一同前往，他们会把演讲场面拍下来，在《飞黄腾达》节目中播出。我们正要起飞时，飞机却停了下来，飞行员说我的飞机刹车有问题，他觉得仓促飞行不安全。因此，我们决定搭乘商务客机前往，但是临时却找不到能给我们这么多人都安排座位的客机。我当时都在想是不是要取消这次演讲了。但是，我是个一言九鼎的人，说好要出席什么活动，我就一定会尽力按时到场。我立即给全部有私人飞机的朋友打电话，看能否借到一架飞机。天助我也，有个朋友停在纽约拉瓜迪亚机场的飞机暂时不用。因此，我们马上收拾行李从我的飞机

里出来,上了另一架飞机,最终飞抵代顿市。我当时心想,连飞机这么大的问题都解决了,接下来应该会非常顺利了吧。

低 谷

当我们在代顿市着陆时,刚好赶上暴雨倾盆,而且当时正是交通高峰时段。因为交通状况特别糟糕,所以演讲活动主办方安排了警察来给我们护卫开道,一直有警车从机场带着我们赶到演讲现场。尽管如此,我们在路上还是花了很长时间。这让我感觉是要前往中国的长途旅行,而不是来到了俄亥俄州。不仅如此,那天还是我太太梅兰妮的生日,我本来是打算按时赶回纽约市带她出去吃饭庆祝生日的。现在,除非她半夜还愿意跟我到家附近的某个小餐馆吃点东西,否则庆祝计划看来是要泡汤了。最辛苦的还是听众,他们已经在会场耐心地等待了几小时之久。

当我最终来到会场时,我称赞代顿市这些耐心的听众在一幕真实的情景剧中表现得非常出色。他们对我克服重重困难赶到现场表示感动,尽管当天我迟到了,外面大雨滂沱,我的飞机还出了故障,但是我们还是过得很开心。让我感动的是,当他们在等待我出场的时候,还在齐声为梅兰妮唱生日歌。当我到达会场时,有人提醒"特朗普先生进楼了",让人不禁联想到猫王当年被众人仰慕的情景。我笑得很开心,我们大家都度过了难忘的一天。我想告诉大家的就是,尽管有时候会出现很大的意外,但这种意外之后往往都会否极泰来。

衣着不得体

还有一次,我原定要在拉斯维加斯对约 10000 名听众发表演讲。我从加州飞到拉斯维加斯，比演讲时间提前了半小时到达会场。因为我一路奔波，所以就让一位负责后勤的年轻女士把我的西服拿去熨烫一下。她把我的西服拿走了，我则在休息室里和来宾以及我的保镖凯斯聊天。当上场的时间到了，我却开始四处找我的西服，我怎么找也找不到，还有约 10000 名听众在等着我上场呢。

那位年轻女士出现了，告诉大家说她把西服送到附近的一家酒店去熨烫了，暂时还没送回来。听罢，我们都很惊讶。如果离上场时间只有半个小时的话，一般而言没人会把西服送到外面去熨烫的。我们都以为她会在会场想办法把衣服给熨烫了，但是她显然是个新手。我自然不高兴，但是又能怎么样呢？我借了凯斯的西服穿上，尽管他的衣服尺码比我的要大一号，但也只能凑合了。我上场的时间比原定计划晚了几分钟，但是听众似乎并不太介意。我告诉他们在上场前发生了什么，也向大家道歉说西服有些松垮，和我的西裤颜色也不搭调，听众们似乎对此也并不在意。尽管在上台演讲前发生了这件不愉快的事，但是演讲还是进展得很顺利，而且看起来听众很喜欢别人不经意间犯错所带来的那份轻松自在。我对那次演讲依旧有些闷闷不乐，尤其是因为我花了那么长的时间来准备，本来是想让演讲完美无缺的。不过我还是秉持既往不咎的态度，就让过去的事过去吧。

第二天，我的照片和关于我的报道同著名主持人杰·雷诺的一则报道一起出现在了拉斯维加斯的主流报纸头版。因为前一天晚上的"西服事件"，他们反而决定给我增加报道的篇幅，亿万富翁找不到西服对他们而言成了非常有趣的一个故事。因此，这次意外从长远的角度而言反而给我带来了益处。

特朗普心得
——让生命绽放奇迹

　　冷静地去面对前进路上的磕磕绊绊，不要躲避问题或障碍，而是要学会从容地应对它们。要把这些问题和障碍转化成为积极的力量。通过这种方式，你也可以让一些人放松戒备，从而化敌为友。不要太沉迷于一己之见。调整，适应，冷静地应对各种意外。

26

不要自满：自视聪明会让你步入歧途

——特朗普集团是怎样开展新项目的

特朗普集团目前在全球有 33 个房地产项目在运作。要管理这么多项目就需要经常出差，我很感谢自己 3 个最年长的孩子小唐纳德、伊万卡和埃里克在董事会任职，他们经常帮我出差去印度、中国、迪拜和伊斯坦布尔等地。因为即便没有这些长途旅行，我每天的行程也已经安排得满满当当了。

我们的很多项目都是结合了公寓和酒店特点的特朗普国际酒店公寓大楼。人们经常会问这些大楼是怎样盖成的，这个问题由我们来回答是最合适不过了，因为我们是惟一既是酒店又担任开发商的公司。如果某个项目用上了特朗普品牌，那么项目前期的尽职调查和项目管理工作都是一丝不苟的，因为确保品质的惟一方法就是考虑得面面俱到。

这个过程中间会耗费很多心力，因为我们要考虑很多因素，不能让特朗普这一品牌和没有经过深思熟虑的项目联系到一起。我们会不断收到项目企划书，把它们一一研读，但是其中 99% 的项目都无法让我们感兴趣。每年平均会有多达 300 个房地产开发商来和我们接洽合作事宜。正因为如此，我们在挑选项目时会非常苛刻。

唐纳德·特朗普和他的孩子们

我们会仔细审视每个方案，认真分析，并且会到现场去亲自考察。如果我们决定开发一个项目，那么就会认真准备预算方案，在项目开发之前认真筹划，然后开始投标过程。我们要同承包商和分包商打交道，谈判确定最终价格。每一份和建筑相关的材料我们团队都会亲自过目。接下来，我们每周都会召开施工会议和营销会议。我们每天都要和派到施工现场的负责人通话。任何环节我们都不会留

特朗普海洋俱乐部

死角，这也是我们能确保成功的原因之一。

因为我们现在有很多海外项目，所以需要处理的一个问题就是在海外获得融资。如果这个国家政局不稳定，那么在那里的投资就变得有些复杂了。如果我们成功地把握了房地产行业的发展脉搏，在海外建楼的成本相对并不高，而且有很好的发展前景，那么我们就会充分利用这样的机会。因为我们已经取得了很大的成就，所以很容易洋洋自得，但是我们知道威胁总是无处不在的。为了避免因为骄傲而摔跟头，我们在项目准备的过程中总是全神贯注的。自视聪明绝顶会让你步入歧途。

我们对某个项目感兴趣，往往是因为我曾经到过那里并发现了项目的潜力。2003年，当我去巴拿马城参加"环球小姐"选美活动时就发现了当地的投资潜力。我还记得当时自己说过："这真是一座美丽的城市，这里太棒了，总有一天我要在这里盖起一座楼来。"那一天终于到来了，特朗普海洋俱乐部开始建设了，这座酒店式公寓大楼总高65层，总面积达240万平方英尺。这是特朗普集团第一次在拉美投资，也是一个非常正确的投资选择。

也许是命运造化，2006年4月我宣布特朗普海洋俱乐部投资计划的当日，巴拿马总统马丁·托里霍斯请民众投票通过了一项耗资数十亿美元的扩建巴拿马运河计划。这将成为运河自1914年开通以来最大的一次修整计划，如果扩建完工，现代化的大型游艇就能够通过巴拿马运河了。当地的投资潜力是不言自明的，这也充分表明巴拿马城的商业活动将变得更加兴盛。特朗普海洋俱乐部的外形非常漂亮，它看起来就像一张硕大的船帆，俱乐部中的各个房间都能俯瞰海景，这实在是太棒了。

对于投资，我自己会有一些想法和偏好，但是我们也会留意别人给的意见。我们巩固好自己的阵地，有任何新的机遇到来也从不放过。我们将要在伊斯坦布尔开发一个地产项目，这个建议来自我已故的朋友艾哈迈德·艾特根，他是亚特兰大唱片的创始人。伊万卡将会前往土耳其选址。

我们一旦选好址以后，就会委派一个项目经理去负责监督。例如，我们安排了布赖恩·鲍德罗来监督拉斯维加斯的特朗普国际酒店项目。我会随时给他打电话询问工程进展，通过一个电话我就能全面掌握信息。我们的运营很有效率，能够让我们快速而又自信地前进。

　　然而，任何项目都会遇到意想不到的突发情况。但是，我们会充分准备，力争尽自己最大努力去确保成功以及全球著名的高端品质。这是特朗普集团的行事之道，小唐纳德、伊万卡、埃里克和我在一起努力确保这种行事之道不会改变。

特朗普心得
——让生命绽放奇迹

　　骄傲自满会让你陷入绝境。牢记成功和所有美好的事物都直接来自你的努力，你有地方住是因为你自己的努力，你拥有财产也是你自己挣来的。如果你变得骄傲自满或过度自信，你会直接坠入失败的深渊。我之所以这么说就是因为它曾经在我身上发生过。

拉斯维加斯特朗普国际酒店

27

这就是纽约!

——这座城市会让你遇到一些在别处碰不到的问题和解决办法

纽约的交通状况有时会糟糕得让人难以忍受。有一次,我和《飞黄腾达》的剧组人员坐在我的房车里,我们碰到了交通堵塞。前面的汽车纹丝不动,大家都把手肘搭在喇叭上,整条街上喇叭轰鸣,震耳欲聋又连绵不绝。我的房车里坐满了人,但是整整 20 分钟过去了,房车没能往前开动半步。我再也忍受不下去了,就决定从车里走出来,站在街中央。接下来发生的一幕很具有戏剧效果,但却很奏效。刹那间,喇叭声停止了,街上鸦雀无声,司机们认出了站在车流中的我。他们做了我希望他们做的事——把手肘从方向盘上拿开,伸出窗外向我挥舞和呼喊:"嗨,唐纳德!""嗨,那不是唐纳德吗!""快看,那是唐纳德,嗨,唐纳德!"这一刻太美妙了,我也朝他们挥手致意,冲他们大笑,让我最舒心的是在几分钟之内他们不再按喇叭了。有时候,别人能认识你真是一件好事,这一次自然是其中之一。当然,有很多时候我却希望别人不认识我就好了。

我有一支很出色的保镖队伍,但是有些时候也会发生突发情况。有一次,我要到位于哈得孙河上的一艘游艇参加一个聚会,这艘游艇上会安排晚宴并绕曼哈顿开上一圈。原定计划我会在游艇上聊上 15 分钟，然后在游艇离岸之前登岸返程。那是一个非常成功的鸡尾酒会，我和几个人聊得正欢，猛然间发现游艇已经不在岸边了，它已经在河里行驶了。在离岸之前没人告诉我船要开动了，包括我的保镖，他也没有留意到船开动的迹象。结果，我就被困在了这艘游艇上，在周六的夜晚绕着曼哈顿行驶了整整 3 个小时，这根本不是我的原定计划。一开始我都不知道该向谁抱怨，是责备船长、聚会的主人、我的保镖还是旁边不熟悉的客人。早知道要在河上转悠 3 个小时，我是绝对不会同意登上这艘游艇的。我曾经想过跳进河里游回曼哈顿，当时我确实气得有些歇斯底里。

但是，因为我也无能为力了，索性就决定听天由命。参加聚会的朋友都很有意思，不管我受邀与否，他们似乎都很高兴我呆在游艇上。我和他们一起聊天，跟他们讲了几个故事，大家笑成一片很是开心。那是个美好的夜晚，整个聚会让人感受到了没有预料到的融洽和喜庆气氛，大家都记住了那个夜晚。

特朗普心得
——让生命绽放奇迹

我给你的建议是，学会听天由命，尤其是在你没有其他选择的时候。这一次我度过了难忘的游艇之行，而且不是事先安排好的。我不禁在想，生活有时候就是如此。有时候只要我能放松心态并享受好时光的话，就会对自己有很大的帮助。你自己也不妨可以试一试，不管你是不是唐纳德·特朗普，都会发现这个方法在你身上是有效的。

28

如 何 减 压

　　每个人都有自己卸重、减压和改变思维模式的方法。哪个方法对你管用，那它对你就是最好的办法，只要它不会对你自己或者别人造成伤害。这也是我为什么喜欢打高尔夫的原因。打高尔夫也需要耗费脑力，但同时会让你感到身心放松。我发现打高尔夫球能拓展我的思维，当我在高尔夫球场的时候，解决问题的效率会很高。

　　当我在办公室里的时候，也会经常练习挥杆，或者拿起一根高尔夫球杆在头脑中想象在球场上挥杆的情景。这种简单的动作就能让我感觉到呼吸了新鲜的空气，尽管那只是办公室里的空气，却会帮我用创造性的思维或是从新的角度来看待问题。我知道音乐或是运动对有些人管用，对于我而言高尔夫就很奏效。

　　减压的另一个好办法就是用积极因素来替代消极因素。这在很多方面都适用，例如我就会让自己身边多一些想法积极的人，少一些想法消极的人。来过我办公室的人都知道里面摆放着我家人的很多张照片，包括我父母、孩子和太太梅兰妮的。这些照片都是很好的积极因素，我并不是需要它们来提醒我什么，但是不时地扫上一眼就能帮助我用正确的视角来看待问题。我也在办公室里摆放了这些年来对我意义重大的一些照片和纪念品，因此当我在前进途中遇到困难时，就会提醒自己在过去取得的辉煌成绩——过去取得的每一点成绩都委实不易。

保持充沛的活力，用积极因素来替代消极因素，尽管现在你还没有尝到成功的滋味，但它总有一天会向你招手。

29

如果你想要做出任何改变，
那么就会遭到攻击

——马阿拉歌

马阿拉歌俱乐部是玛卓莉·马里怀瑟·珀斯特在 1927 年正式创立的。当时，她还是华尔街大亨爱德华·赫顿的太太。为了建造这座美轮美奂的马阿拉歌庄园，玛卓莉·马里怀瑟·珀斯特花了整整 4 年时间。这座庄园建造在佛罗里达州棕榈滩的珊瑚礁上，并由钢筋混凝土作支撑。在拉丁语中，马阿拉歌表示"海临湖"。通过这些介绍，你就应该能够了解到马阿拉歌俱乐部历史有多么悠久和灿烂了。我第一次见到它是在 1985 年。

大家都听说过很多一见钟情的例子，当我第一次见到马阿拉歌庄园的时候，我就有这种感觉。一见到它，我就想完全拥有它，包括带有 128 个房间的别墅、整个 110000 平方英尺的建筑面积以及 20 英亩的草坪。我知道要想拥有这一切绝非易事，要打造这样一个庄园也绝不简单，肯定要克服重重挑战。尽管如此，我依然决定要获得庄园的所有权。

因为马阿拉歌庄园历史悠久，所以我估计你多少知道一些它的由来。玛卓莉·马里怀瑟·珀斯特的父亲是美国的谷物大王，出身

马阿拉歌庄园

富贵的玛卓莉对庄园的细节非常在意。她从意大利运来了整整 3 船的多利安石材；整个庄园用了 36000 片从西班牙运来的瓦片；她还特意从古巴的一座古老城堡搬来了 2200 平方英尺、黑白相间的大理石用来装饰庄园的餐厅；在庄园别墅的主体结构上还建造了一座 75 英尺高的塔楼。可以想见，马阿拉歌庄园和玛卓莉·马里怀瑟·珀斯特对棕榈滩市的社交界影响极大。它在纽约的影响力甚至超过了纽波特和圣西蒙的富豪庄园。1969 年，美国内政部把这座庄园确定为国家历史保护遗产，庄园也上了美国国家史迹名录。

　　在玛卓莉·马里怀瑟·珀斯特于 1973 年去世之后，根据她的遗愿，这座庄园的所有权移交给了美国联邦政府，用于总统度假和接待外交官。10 年之后，出于安全因素的考虑，而且因为维护庄园的成本巨大，政府决定把马阿拉歌庄园的所有权归还给珀斯特基金会。然后我在 1985 年发现了这座庄园。

从 1985 年我第一次看到这座历史遗迹到 1995 年它以一座私人俱乐部的面貌出现这 10 年间，真的发生了很多故事。买下这处庄园并不难，当时并没有太多人和我竞价，我慷慨地支付给了珀斯特基金会 800 万美元，买下了庄园和地产，其中有 300 万美元用于支付所有的家具和装饰品，包括瓷器、水晶和金器等物品。这在当时是一个天价，但是我觉得能用这个价格买下马阿拉歌庄园实在是很便宜的。

我马上遇到的一个挑战就是来自玛卓莉的女儿迪娜·梅瑞尔的反对。尽管她更关心的是自己的演艺事业而非这座无价的庄园，但她还是竭尽全力地来阻碍我购买庄园。好在珀斯特家族的其他人都站在了我一边，他们也相信我能保持马阿拉歌庄园的完整性和美观。玛卓莉的大孙女玛卓莉·珀斯特·戴是这样描述我的："一个蓝眼睛的大个子，是这座庄园的守护使者，他等待着时机想要承担起保护庄园的责任。"玛卓莉·珀斯特·戴后来说是我帮助他们家族拯救了马阿拉歌庄园。我的观点是：你的身边总会有诽谤者，这就是生活。你的目标越崇高，你所遇到的阻力就会越大。尽管如此，也总会有人能够理解你的高尚动机。

在棕榈滩，大家都知道马阿拉歌庄园虽是一处豪宅但却很难维护。吉米·卡特总统把马阿拉歌庄园归还给珀斯特基金会，正是因为要维护它会耗费纳税人太多的钱。现在你已经知道了，我是一个喜欢挑战的人。直到 1995 年以前，我都是把这座庄园当作私人住所的，但是当年我第一次见到这座庄园时的想法是它能够成为一座绝佳的私人俱乐部。尽管我有这个点子，但是当地的法规并不允许。要么这就成为一座私人住所，而要想成为一座私人俱乐部的话这座房产就需要被分割。当地的这种规定尽管让人觉得难以接受，但它确实是事实。

我们一家在马阿拉歌庄园住得很开心，尽管这个庄园对于一家人实在是太大了，庄园里有些地方连我都没怎么去过。这座庄园里甚至连防空洞都有，很多侧翼的房子都没人使用。

低　谷

在 90 年代，我遭遇了财务危机，数额高达几十亿美元。你也许能够想见当年我脑子里在想些什么，拥有一个销金窟可不是什么好事。但是，实话实说，我从来都没有觉得拥有马阿拉歌庄园给自己带来了多大的压力。我还有很多真正需要自己担心的事情，所以尽管维护马阿拉歌庄园需要花费大笔资金，但我觉得这只是不大的压力。我还记得当时我在一个坐满了银行家的房间里。他们都想方设法帮我摆脱那个复杂的财务困境，他们都是我的朋友，都很热心地想帮我。因为当时大家气氛很沉闷，为了活跃一下，我就对他们说："哦，今天是星期五，我想应该乘我的波音 727 去马阿拉歌庄园过周末了。"但是，这些银行们一点都不觉得我说的有什么可笑，我也马上意识到自己真的说错了话。我马上告诉他们说我要把马阿拉歌庄园分割成好几份，把它叫做马阿拉歌会所，我向他们保证这个会所将会赚进很多钱。我说的这番话果然发挥了作用。我发现他们脸上的怒气马上就消失了。

不过，接下来我自己承诺要做的事却给我带来了麻烦。把马阿拉歌庄园分割成好几份让我感到痛心。我带着这个想法来到棕榈滩市政府，因为我觉得这是解决问题的必然途径，我和市政府的律师和楼宇检察官进行了会面。我觉得自己怎么也可以把这个庄园分成 14 份，但是他们建议我只申请分成 8 份，因为这样就能比较快地通过法规审查。尽管我的这项申请是再普通不过了，而且并没有超过法律规定可以得到的最大分割数目，但市政府还是否决了。我依旧不急不恼，市政府不论提出怎样的要求我都尽量去满足。我也一直在想，他们要这样糊弄我到哪一天。

　　我觉得在这里停下来想一想很重要。如果你还记得的话，我在第一次见到马阿拉歌庄园的时候就想把它打造成一个私人俱乐部，但是当年我心中存在着很大的疑虑，这座庄园能否分隔成不同的区域来形成一家俱乐部。但看看发生了些什么：我自己依法享有的权利都被他们否决了，我有权将庄园分成 14 份，其实他们等于让我不要把这个庄园进行分割。我们彼此都清楚，这是不公平的。事实上，我觉得他们会因为自己对我的强硬立场而自取其辱的，他们心里或许也知道，我有可能会把他们告上法庭的。

　　你也许会想，这个人名叫唐纳德·特朗普，他办事会不会比一般人更容易些？未必见得。但是无论如何，我决心要解决这个问题。

　　因为在市政府吃到了闭门羹，我的团队和我花了一年半的时间来研究每一个细节，从而确保每一个环节都做到满足要求。接着，我们查阅了美国标志性建筑保护委员会（Landmarks Preservation Commission）和市政厅的各个案例，决定起诉政府，让他们赔偿 1 亿美元。大家都知道我的合法权利受到了剥夺，我发现通过这样做可以让自己取得主动。当命运看似不公平或不公正的时候，你不妨记住我的这种做法。你可以用这种方法保持冷静的头脑，保持自己的耐心，并且发挥自己的聪明才智。

　　在诉讼的过程中，市政府主动找到了我，说可以同意我把庄园分成 14 份的做法，这是在法律允许条件下分割得最多的方案。但是，我告诉他们我对这个方案已经不感兴趣了。我想要一个私人俱乐部，因为他们的失误，我现在已经有讨价还价的资本了。后来，市政府两位有远见的官员预见到如果马阿拉歌庄园变成一座私人俱乐部，将会给这座城市带来更多的活力，因此棕榈滩市最终批准了私人俱乐部的方案。要想把这一过程中的来龙去脉交代清楚需要花费一些笔墨，不过这个俱乐部方案获批的另一个原因就在于它是对所有人开放的。当时，棕榈滩市的一些俱乐部是不对犹太人和黑人开放的。或许这种做法让人感到有些难以置信，但我确实想永远改变这种情况。这样一来，俱乐部的提议不仅成了一个很好的项目，也成了一项正义的事业。

毋庸置疑，这个新的项目也招来了很多诽谤者，不过我已经作好充分的准备来迎接他们的攻击了。把马阿拉歌庄园变为俱乐部的每个步骤都会遭到非议，不过我还是觉得自己做了一件正确的事，我也再一次获得了胜利。1995年，马阿拉歌庄园变为了一座绝佳的私人俱乐部，人们把它称做"棕榈滩的珍珠"，这一评价是当之无愧的。

特朗普心得
——让生命绽放奇迹

你或许觉得围绕马阿拉歌庄园的斗争让我感到身心俱疲。不过有时候，你所遇到或引发的阻力越多，你却会变得越有干劲。有时候，你不妨这样去做，而不是每次都缴械投降，或者是在遇到阻力的时候变得垂头丧气。这样一来，你会发现自己有多坚强，有多聪明。市政府的做法以及在反对俱乐部种族歧视方面的迟缓反应给我注入了一种摧枯拉朽的勇气。你要告诉自己：我在做正确的事，我是不会被击垮的。

当我在为了马阿拉歌俱乐部忙碌的同时，很多其他项目也有数不胜数的困难、障碍和挫折需要去应对。我学会了从容地应对出现的问题。经验能给你带来锲而不舍的宝贵精神。如果你能有这样的心得，那么千万要记住：永不放弃！这句话会帮你实现伟大的成就，达到理想的人生境界，改变应该改变的态度。这就是赢的秘诀！

后　记

棕榈滩马阿拉歌俱乐部最近受到的威胁来自机场。棕榈滩国际机场想要在附近新建一条跑道，这可成了大问题。这是我给当地一家报纸写的一封信，你必须要一直战斗下去：

　　如果棕榈滩国际机场再新建一条跑道的话，那么马阿拉歌俱乐部这座地标性建筑将会遭到重创。美国历史遗迹保护协会也表态称，这将会带来灾难性的后果。

　　对于市政府和州政府而言，浪费 15 亿美元再建一条跑道也是完全没有必要的。我的私人飞机驾驶员和其他熟悉航空及棕榈滩国际机场实际状况的人都认为，这完全是在烧钱。现在这条跑道已经完全够用了，足够应对未来的需要。如果真有建新跑道的必要，机场也可以选择其他地段来兴建。关键是完全没这个必要。

　　简而言之，再建一条跑道既会带来很大的危害，又是一种极大的浪费。不如省省钱吧，也让布鲁斯·佩里①喘口气吧！

唐纳德·特朗普
2007 年 3 月 26 日

---

　　①　棕榈滩国际机场总裁。——译者

30

以 正 视 听

有时候，我们值得花些时间以正视听。当《纽约时报》发表了一篇书评，而且里面包含了对我幼稚的评价后，我觉得有必要给编辑写一封信。其实，这篇书评本身并不值得我去写这封信，但是如果能帮大家分清黑白或是阐明观点的话，我还是愿意去做的。我写的这封信《纽约时报》也刊登了，最后还被《纽约杂志》评为"给《纽约时报》书评栏目的年度最佳来信"。

也许这封信读起来让你觉得有些傲慢不羁，但是这位书评者的原话也好不到哪儿去。我为什么要花时间去写这封信呢？因为这很有必要，还因为我从来不会放弃。我把写的这封信附在后面，有朝一日这种情况发生在你身上的话便于你借鉴。我当然希望这种情况不要发生在你身上，但是万一发生的话要记得去作一些努力。你的努力除了以正视听之外，说不定还能帮你得到别人的奖赏。尽管你在遭受冲击，但创造出一种双赢的局面依然是可能的。这也是你将问题和挑战变为成功的方法。

给《纽约时报》书评栏目的年度最佳来信

——《纽约杂志》

致编辑：

我还记得蒂娜·布朗在负责《纽约杂志》的时候，一位名叫马克·辛格的作家采访了我。马克·辛格这个人很悲观，我觉得他总在希望最糟糕的事发生。蒂娜·布朗不仅把《纽约杂志》带入了低谷，马克·辛格也沉醉在自己的悲观世界中。尽管他们两人对采访我都感兴趣，但是笔下的文字对我却充满怀疑。悲观情绪会让悲观者继续沉沦，他们两人堪为这句话的经典注脚。

杰夫·麦克格雷格给马克·辛格的《人物研究：与公众仰慕人物的近距离接触》（其《纽约人》丛书中的一本）这本书写了一篇书评，这篇书评写的水平也很差。他那惺惺作态还带着一股酸劲的文风让人好像在读一本中学年鉴条目。也许他和马克·辛格是一丘之貉吧，有些人给世界带来了阴影，另一些人还恬不知耻地以在这些阴影中过活为荣。

我拜读过美国文豪约翰·厄普代克、菲利普·罗斯和土耳其文坛巨擘奥尔罕·帕慕克的作品，有朝一日倘若马克·辛格能进入他们的行列，我也会很愿意读一读他写的书。不过，我想要盼来这一天估计要等上很久了，因为马克·辛格并没有与生俱来的写作才华。如果真能等来那一天，马克·辛格就可以发掘自己身上"孤独的写作潜质"，把自己打造成一位世界一流的作家，而不需要对一些和他毫无关联的名人评头论足了。

近20年来，我一直都是一位畅销书作家。不管你喜欢与否，这是你无法否认的事实。2005年3月20日，备受尊敬的作家乔·昆南在《纽约时报》书评上发表文章，评价我虽然是"半路出家"，但却"一直在给世界贡献精品",这些作品"在文法结构上毫无缺陷",这些作品的"影响力"一直彰明显著,我也可以算得上是"颇有成就"的。这是来自一位著名作家的盛誉。而从那个素未谋面的杰夫·麦克格雷格嘴里,以及从马克·辛格这些失败者的嘴里,我却得不到一句赞扬。不过,在我眼中,任何时候乔·昆南都要比杰夫·麦克格雷格和马克·辛格更胜一筹,原因很简单,因为乔·昆南更有才华。

毫无疑问,辛格先生和麦克格雷格先生的书都不会畅销,因为它们根本就缺乏畅销书必备的条件。也许某一天,因为机缘巧合,他们会写出一些有影响力的东西来让我们刮目相看。

致敬

唐纳德·特朗普
写于纽约
2005 年 8 月

31

该放弃时就放弃

——面对抱怨者

我不认为客户总是对的，下面就是一个很好的例子。

最近我读到一篇文章，说斯普林特公司（Sprint-Nextel）①砍掉了 1000 多位客户，因为维护他们的运营成本太高。显然，这些客户给客户服务中心打电话的次数太多了，使得公司觉得这简直是在"无理取闹"。

大多数用户平均每月给客服中心打电话的次数不到一次，而公司公布的数据显示，这 1200 名客户平均每个月要给公司打来 40 到 50 个投诉电话。

这么多的抱怨让公司管理层觉得和他们做生意根本不值得。斯普林特公司表态说公司已经竭尽所能地去解决问题了，但是这些抱怨者还是在一直打投诉电话，显然这些人永远都不会满意。

正因为如此，公司决定让这些客户另找东家算了。

我完全能够体会斯普林特公司的感受。我也碰到过一些客户，尽管我悉心去呵护他们，但是不管怎样努力，他们总是不会满意。既然如此，你不如把他们抛在脑后，继续去做你自己的生意好了。

不要试图让抱怨者满意，抱怨者永远都是会抱怨的家伙，他们是实实在在的麻烦制造者。跟他们计较，太不值得了。

---

① 美国第三大电信运营商。——译者

32

要有足够的耐心

——也许有些项目你需要等上 20 多年才能收获成果（西区故事）

如果某个项目需要你为之付出 20 年，你会作何感想？首先，你会想到取得重大成就总是不容易的。其次，它会给你一种别人无法否定的成就感，哪怕是最恶毒的诽谤者也无法夺走你心中的那份自豪。我知道自己曾有过很多类似的处境。人们经常问我，是什么给我注入了不竭的前进动力？在这个项目上为什么我愿意奋斗整整 30 年？

有一部非常著名的百老汇音乐剧名叫《西区故事》（West Side Story）。这部音乐剧被人们视为经典，无论是音乐、歌词或是故事情节都成了永恒的典范。它后来还被改编为电影，荣获了奥斯卡奖。不过，为了成功制作这部音乐剧，四位非常天才的制作人花了整整 10 年时间。当我想起自己历尽艰辛把纽约西区铁路调车场变为今天的特朗普广场时，我就会想到《西区故事》这部音乐剧。有一天，我忽然醒悟过来，我在这个项目上已经奋斗了将近 30 年了，而且还没有人愿意助我一臂之力。我是一个人默默地在为它打拼，我觉得我应该得到一次甚至几次纽约百老汇托尼奖。其实，我奋斗

特朗普广场

的故事本身就足够获奖了，不需要再费力编写什么台词或是配什么插曲了。我的这个故事正是本书标题《永不放弃》的最佳阐释。

这段传奇始于 1974 年，我从宾州中央铁路公司买下了纽约西区铁路调车场。当时纽约市对投资商的吸引力并不大，西区也不像今天这样有魅力，但这是一块临近河边的土地，我以相当低的价格把它买了下来。这也是我在曼哈顿的第一个大项目。

在接下来 5 年里，我还在忙着其他项目，包括康莫德/凯悦饭店的翻修、特朗普大楼以及亚特兰大市的项目。与此同时，关于我在西区所考虑的住宅项目，政府的补助也已经减少了。除此以外，西区当地民众的反对意见还很大，他们向来都以反对变革而臭名远扬。

当时我也是进退维谷，而且还在忙着其他项目，因此我在1979 年放弃了原来得到的这块土地，宾州中央铁路公司就把这块土地又卖给了别人。接手这块土地的团队很聪明，但他们并没有太多在纽约经营房地产的经验。在规划用地方面你需要丰富的经验，这也是在城市中经营房地产的必备条件。他们最终弄妥了规划用地，不过做出了太多没必要的让步，也犯了很多其他错误，最后他们不得不再次把土地给卖了。这是很大的一个开发项目，这家开发商没有作好充分的准备，也不知道如何推进这个项目。

1984 年，当我接到他们的电话说要把这块土地出让时，我一点都不感到意外。我同意用 1 亿美元的价格买下这块土地，这相当于曼哈顿城中心靠近河边的土地每英亩才卖了 100 万美元。如果你比较一下离西区铁路调车场不远处哥伦布环的时代华纳大楼，在我买下这块土地之后不久，时代华纳大楼的地价已经涨到了 5 亿美元，从中你可以看出，我买下这块土地真的很划算。

那是在 1984 年，弹指一挥间，我写这本书的时候已是 2007 年了。特朗普广场有 16 幢俯瞰哈得孙河的高层住宅楼，这些项目基本快完工了。时间如白驹过隙，我们不妨回顾一下项目的来龙去脉。

我当时意识到，要想让市政府给我想要的土地规划许可，就要让这个项目看起来能让很多人受益，并且很有吸引力。不过后来事态发展也是我很难预见到的，在我买下西区铁路调车场之后不久，美国全国广播公司宣布要搬迁。此前几年，他们一直在洛克菲勒中心办公，不过他们考虑要搬到新泽西州，因为那里的税收和房地产价格都更低，这样公司就能省下很大一笔开支。

我原先的计划是给美国全国广播公司在西区提供足够的区域让他们搬迁过来，同时还能继续完成我原定的住宅项目。后来我发现，不管美国全国广播公司感兴趣与否，这片场地对于电视业和电影制片业都是一块黄金地段，因此我打算把这块区域命名为"电视城"。这会引起大家的关注，我也希望能够点燃大家的激情。我还计划在这片区域上盖起世界上最高的楼，并把这一规划告诉了媒体，你也可以想见公众对此寄予了很大的期望。

就像在沃尔曼溜冰场项目遇到的情况一样，爱德华·科奇市长和他的助手对我所有的点子都一概排斥。他们说我的想法不切实际，但是我所引发的争论倒是让这个项目一直成为媒体关注的焦点。我在项目推广方面很下工夫，因为我觉得推广是能够奏效的，它能帮助我实现目标，让大众的注意力都集中到这个最终能让他们受益的项目之上。但是，纽约市却给我的项目设下了很多路障。因为爱德华·科奇市长在沃尔曼溜冰场项目上跟我较量时的惨败，他自然打心底不愿我再取得任何胜利。

我可以说 1984 年到 1996 年之间这座城市的很多做法都是很荒谬的，在沃尔曼溜冰场的这个项目上你就已经能够体会到了。在这12 年的过程中，我的毅力经受了真正的考验。这是纽约市政规划委员会批准的最大项目，也是纽约市私营企业承接的最大项目。我曾经也想过几次，花这么大的努力值吗？但是挑战让我越挫越奋，努力向前。当我说永不放弃的时候，首先我自己就是这样做的。

我会把一些别人眼中的逆境变成自己事业发展的有利条件。例如在 90 年代初期，纽约的经济形势并不好，但那也意味着我得到自己想要的土地规划审批就相对比较容易。几年后，经济形势开始有了起色，这也是房地产开发的理想时机。尽管局面看似要比从前好一些了，但是事情并非总是一帆风顺的。其实，耐心并不是我与生俱来的天性，但是你也可以看出来，在很多事情上我都显得很能忍耐。因为我的坚持，我们最终得到了自己所需的所有审批手续，最后在 1996 年破土动工了。

在过去这些年里，我对这块土地的建设方案有了调整，特朗普广场逐渐变成了一个高端的住宅项目，这一项目也大大提升了纽约西区的品质，16 幢高层住宅大楼每一幢都很别致，也很漂亮。修葺一新的河边公园占地 25 英亩，里面有自行车道、河边散步小径、野餐区、运动区以及一个码头。这里已经成为附近居民经常聚会的场所，聚集了很多人气和活力，住宅项目的房子还没有竣工就销售一空了。在这 20 年里，我经历了无数艰辛困苦，但是最后看到项目能够开花结果，心情确实非常舒畅。我觉得除了前任市长爱德华·科奇以外，所有人看到这一项目取得成功都感到很高兴。如果你来纽约市，那么你一定要到西区的码头来看一看，当你看到哈得孙河旁边这一片气势宏伟的建筑群时，你会体会到这是纽约市一道亮丽的风景线。

特朗普心得
——让生命绽放奇迹

要记住有些事是值得等待的。计划有时候会发生改变，改变的原因也有可能是好的。任何事都会有两面性，你要准备迎接这种两面性。要作好准备去等待。你有没有花上整整 20 年时间去等待过一件事？没有过吗？那么你的抱怨根本就让人无法接受。努力工作，耐心等待，当然也要永不放弃！

33

弗雷德·特朗普的成功四步骤法则

我从父亲弗雷德·特朗普那里学到了很多东西，我学会了能力和效率。他给我最好的一条建议就是他的成功经验，我把它称做"成功四步骤法则"——入场、做事、做好、退场。回首往事，我意识到因为父亲的言谈举止，我已被这一法则潜移默化了。这是他的做事法则，在他身上也很奏效。

有人说我言语粗鲁，也有人说我桀骜不驯，还有人说我满嘴废话。这些评价都没错，我倒是把它们当成了褒奖，因为这样的我还实现了这么多成就。我并非做事没有耐心，但是当我意识到应该把注意力集中到别的事情上去的时候，我认为最明智的就是转移精力。我见过一些人等待了很久，希望有大好机会出现，不过当他们真的行动起来的时候，却为时已晚了。

我们不妨把成功四步骤法则进行如下分解：

1. "入场"，其实就是启动计划的简称。如果你想融入一个行动，那么只做个旁观者是无济于事的。你需要给自己定一个目标，并让自己专注在这个目标上。你不妨把目标写下来。现在的很多资料显示，如果你把想做的事情列一张表，即便是在脑子里形成这样一个列表(我就是这样做的)，都会对你做事很有帮助。我觉得在你的脑子里始终要有 3 张列表：第一张是你每天的目标列表，第二张是你的年度计划，第三张是你的人生目标计划。你每天都要看一看或是想一想这 3 张列表，它们能帮你集中精力。很多人都没有意识到，其实我们之所以会有压力，正是因为我们无法集中注意力。因此，如果你学会了控制自己的注意力，那么你就学会了在人生道路上克服压力。

2. "做事"，有时候，说着容易做着难，因为在做事的过程中你会碰到障碍，所以要做好迎接困难和问题的准备。它们之所以存在，就是让你在逾越它们之后离成功更近。这种态度会帮你在人生中扬起新的风帆。你的态度应该是"这是意料之中的"，而非"我真可怜，看看老天对我多不公平啊"！把自己的注意力集中在解决问题上，这样一来，你所遇到的问题就会像每天的日出日落一样平常了。

3. "做好"，我一直都认为凡事"做好"是很不容易的。我知道什么叫伟大，什么叫平庸。我和平庸是格格不入的，我对自己有很高的要求，因此我做事会追求最好，而不会认为比较好就够了。这也是为什么特朗普的品牌一直都是精品的代名词。如果你自己生产一款产品、有一个品牌或是一家公司，那么你最好也有和我一样精益求精的态度，否则你做事就不够认真。我注重这一点，这也给我带来了很高的声誉。我不仅有能力把事情做完，还可以把它们做好。不论一些人是不是喜欢我，这都是大家不争的事实。我总能不负众望，大家也都知道这一点，这是铁的事实。你也可以像我一样去为荣誉而战。

4. "退场"，这个方法能帮助你找到那些在等待着你的、有意思的新项目。这也是你有意识地集中注意力的表现。如果一项工作已经完成，那么你就需要继续去寻找下一个目标。我会聘请别人来打理我的项目，有些别人能替我做的事我却非得亲力亲为，这样做是没有意义的。我的工作是要找到值得让大家一起努力的项目。你也可以想一想你的职责是什么，然后剔除一些牵扯精力的事，把自己的精力集中在核心业务上。

你不妨想一想我从事了那么多个行业，而且在每个行业中都表现得很活跃，我想你也能意识到其实我每天都在使用"成功四步骤法则"。每一天每一夜，我都用这种法则来梳理自己的想法和日程。它对我父亲奏效，对我也奏效，你也可以让它在你身上起作用。

34

转机往往源于积极创新的想法

——辛辛那提 1200 间抵押出售的公寓

有一次当我在作一个关于积极思考的演讲时，我想到了诺曼·文森特·皮尔，因此我提及了他。诺曼·文森特·皮尔牧师写过在这方面的一本经典著作《积极思考的力量》（*The Power of Positive Thinking*），由纽约的 C. R. 吉普森出版社于 1956 年出版。我在纽约市的时候会去听他在教堂的布道，几年前也听过他的演讲。他的演讲给我带来的一个重要启示就是，积极的思考方式其实就是创造性的思考方式。如果你不能对自己的处境有创造性的想法，那你也无法用乐观的心态看待世界。皮尔牧师是一个讲故事的高手，我也喜欢用讲故事的方法来表达自己的观点。在这一章中你可以看到，如果你能用积极创新的想法来处事，那么你就可以把糟糕的处境变为顺境。

我对经营不善的抵押房产项目一直很感兴趣，当我在大学的时候就关注到联邦政府提供融资优惠条件的抵押房产项目，我也是这样找到了俄亥俄州辛辛那提市的斯威夫顿村的项目。还在念大学的我和父亲一起买下了这里，这也成为了我经手的第一个大项目。

斯威夫顿村项目简直是一团糟。设计规划有 1200 户入住，我们买下的时候，竟然有 800 间公寓是空置的，开发商中途退出了，政府也就把项目给结束了。这个项目看起来不可救药，但我却觉得它是个机会。尽管这个项目没有其他竞争者，但并没有让我感到灰心丧气。我觉得越是在这种时候，你越容易拿到好项目。斯威夫顿村这个项目在几年前还价值 1200 万美元，但是我父亲和我却给出了一个最低的报价，我们用不到 600 万美元的价格拿下了它。我们得到了抵押贷款，另外还有 10 万美元的资金用来维修斯威夫顿村。这就意味着我们没有花自己的一分钱却拿到了项目，而且我们还可以用租户交的房租来偿还抵押贷款。

我们遇到的第一个大的挑战是要找到能按时付房租的租户。我这个要求听起来有些古怪，但是要知道这个项目向来都以"租户逃租"闻名。到了快交房租的时候，这些租户就会雇一辆拖车，把家具全都搬上去，趁着夜色逃之夭夭。他们逃房租的方式太有想象力了，我意识到应该聘请一个 24 小时的小区保安，我们也真的是这样做的。

我们还想改善小区的环境，因为小区实在是太破旧了。小区的面积特别大，因此修缮工作花了我们整整 80 万美元。为了收回成本，我们不得不提高房租，幸好在辛辛那提比在纽约提高房租要容易得多。我们有些修缮工作做得还特别细致，包括把又丑又笨的铝制前门更换成了漂亮的白色木门，还在所有的窗户上装了白色窗棂，在一片红色砖墙的背景中这片窗棂成了一道亮丽的风景线。

我们确保小区的绿化做得很好，而且维护得很好，每一幢公寓都粉刷一新，而且把沾在地面上的油漆都清理得干干净净。当项目修缮一新之后，我们在辛辛那提的报纸上登载了广告。人们纷纷前来，并对小区的改变赞叹不已。不到一年，斯威夫顿村所有的公寓全都租出去了，整个小区看起来棒极了，居住的环境让人觉得心旷神怡。

接下来我遇到的另一个挑战就是要找到一个合适的项目经理，我们面试了六七个人才找到合适人选。我永远都忘不了这个项目经理，和其他候选人相比，他似乎并不是一个人品出众的理想人选。他是一个大骗子，有过各种各样的行骗经历，但他却是一位很优秀的项目经理。其他的项目经理看起来人品要更加踏实、更加随和一些，但是他们办事都不够麻利，而且都算不上精明。我知道如果聘请了这个项目经理，得把他看紧了，但至少他能够把项目打点得顺顺当当。他知道该怎样收到房租，这可是一件累人的事，不过这也是他符合经理人选的另一个条件。这个项目起步阶段遇到了一些难处，但是如果遇到困难的时候能够用积极和乐观的心态来对待的话，那这些障碍就算得上是人性中的闪光一面了。这个项目经理虽然外表邋遢，行为方式也不招人喜欢，但是他干这份职位却是再合适不过了。

因为他把斯威夫顿村这个项目管理得井然有序，所以我都不用经常去辛辛那提了。我知道，如果自己不在的话，他可能也会中饱私囊，但是他把这个项目料理得四平八稳，而且租户都能按时付房租。这个项目大获成功，几年后当我再去斯威夫顿村时，碰到一个老租户，他是二战期间波兰集中营的幸存者，因此我知道他是个世事洞明的人，我也很愿意聆听他的意见。他告诉我应该急流勇退，把这个楼盘给卖了。当时项目很成功，而且所有公寓都租出去了，我百思不得其解，就问他缘由。这个朋友说之所以建议我把项目卖了，并不是因为项目本身的问题，也不是管理不善的问题，而是因为周边社区环境变得越来越差。

听了这番建议之后，我就在辛辛那提呆了几天，亲自体验之后发现他说得完全没错，附近区域的暴力倾向变得越来越严重，周边的社区也变得越来越不太平。整个区域的民风在改变，而且不是在朝好的方向变化，最后我决定把斯威夫顿村给卖了。

　　消息一传出，马上就有很多人响应。没过多久，我就因为自己的第一笔投资而赚得盆满钵满。当年我们买进斯威夫顿村的时候只花了 600 万美元，但是当我们几年之后卖出时价格就涨到了 1200 万美元，真的是大赚了一笔。值得让我铭记的是，当年我决定接手这个楼盘的时候，它的状态让人根本不敢投资，但是我决定要用积极创新的视角去看待它，几年后你再回首看看我的这种心态带来的成果。你也可以用这种视角来看问题！积极创新的心态能够变为成功的强大引擎。

35

从每一天收获最多的成果

当我在曼哈顿开展项目的时候，必须要有足够的勇气，因为我处在一块全新的区域。我虽然也做了一些调研工作，并且一直在关注曼哈顿的房地产行业走向，但我知道自己要在一块新的土地上打拼，需要显得自信满满，否则就永远也成功不了。每一天对我而言都很关键，每一天都很重要。我知道这将是我人生的高峰，我从来都没有丧失过心中高昂的斗志。我现在每天依然保持这种心态，我觉得这也是我能取得那么多成就的一个重要原因。

信心能让你无往而不胜。如果你对自己感觉良好，对自己的能力和才干有信心的话，那么你就更容易取得成就。这也是我为什么强调信心是让人每一天都收获最多成果的一条通途。这一点至关重要，你不要因为任何人的贬低就自暴自弃。

即便你还没有取得过什么大的成就，你也完全可以高抬起头颅做人。自信恰恰就像一块磁铁，它会让你的身边围聚很多好友，也会让你自己每天和他们每天的人生都变得更加快乐。

你不妨先吃苦中苦，然后再做个人上人，否则你最后也不会满意自己的状态。这就像圆轴理论，你到底是想做轴心呢，还是只想做轴边呢？如果你成为轴心的话，就意味着你处在更靠近中心、更加重要的位置。相反，如果你是轴边的话，那么你就和行动或推动力相隔甚远了。我多次提及集中精力的重要性，这也是体会到这种重要性的一个方法。把注意力集中在轴心上，集中在你生命中真正重要的事情上，那么你的人生将会发生很大的改观，你也许会从边缘化的轴边来到轴心。

生意场上充满了变数，也因此变得很有趣。如果有人觉得做生意很无趣的话，我觉得他根本就没有动脑子好好去想想。做生意能成为一种艺术，作为一门艺术它自然会有自己潮起潮落的规律和神秘性。当我在写《交易的艺术》一书时，我也正是想阐述这个主题，我的观点到现在也没有丝毫改变。就像一个艺术家一样，我每天做事都竭尽全力，我说得可没有半点夸张。

如果你真想品尝成功滋味的话，你每一天都应该像我一样去度过。荣耀的时刻不是留给那些偷懒者的，你的头脑要一直清醒，而且要保持一颗好奇心。在我眼中，无聊的人和傻子属于同类。因为你在读这本书，所以希望你不属于这个群体，你最好不是这种人。我也不喜欢做事半途而废的人。既然从事一个项目，就要坚持到底，我是说每天都要拼尽全力。我不是一个对人苛刻的人，但是当跟别人讲道理和动脑子的时候我会要求很严格。无知比受教育的成本更加高昂。考虑到目前我们所能得到的受教育机会（包括特朗普大学），很少有人愿意去选择无知。

梭罗曾经写过："如果你想在空中筑起城堡，你的努力不见得会功亏一篑，城堡理应屹立空中，现在你要做的就是在城堡下打好地基。"我觉得梭罗说得太好了，我无法超越他的这种精彩表述，而我的忠告则是：你要有远大的理想，集中注意力，投身工作，而且从现在开始！

36

从拳王穆罕默德·阿里和我身上吸取经验

——知道什么时候该说大话
（聒噪 vs. 内涵 vs. 气度）

　　我记得拳王穆罕默德·阿里曾向世界大声宣告他是最棒的。他说这话可不是大言不惭，他是明确地向世界承诺自己是最出色的。幸运的是，他也成功地证明了这一点，否则全世界都以为他是一个整天做白日梦的家伙呢。这已经是历史了，但是当我们回首往事的时候，我们发现他给自己提出了很高的标准，那就是要充分证明自己，而且他也做到了。我知道他是特意要给自己设定这么高的目标的，我也是这样的。

　　我经常会跟别人说我的下一个项目肯定又是大手笔，并且又会取得辉煌的成功。为什么呢？首先，我有信心能取得成功。第二，我觉得自己不应辜负别人的期望。如果你向世界宣告了一件事，那么你最好言必信、行必果，否则后悔那种滋味可不好受。我现在已经无需像从前那样天天操心了，但是我对自己的高标准、严要求却一点都没有变，我做什么事都会尽自己最大的努力，好像这是我接手的第一笔生意一样。不仅如此，宣布一个新的项目总能让我感到热血沸腾。

　　这些向公众宣告的计划并不是吹牛，我只是在讲事实，我盖的楼确实是最好的，这也是为什么我的楼往往在竣工之前就一售而空了。特朗普集团盖的楼单价都要比别的楼贵，因为特朗普不仅是一个品牌，还是一个奢侈品牌。人们知道买了我的楼能得到怎样的品质，我的楼供不应求。既然如此，我为什么要惺惺作态地假装谦虚呢？同样的情形也适用于你，如果你有自己值得自豪的优点，而且又有足够的理由来支撑自己的这份自信，那么你就大胆秀出你的自信。对于自己取得的成就根本无须遮遮掩掩。

　　如今的市场营销需要我们马上就能抓住客户的注意力，这一点事关成败。对于公司大多数的公关工作我是亲力亲为的，因为我知道该怎样推广自己的品牌。如果你也有一款产品或是服务的话，你也应该这样做，这样会帮你节省时间和金钱。如果你都不信赖自己的产品，也不知道该怎样推销它，那么试问还有谁能做得到？当我听到有人说"干这工作不适合我"，其实在一定程度上我也能理解他们的心态，不过我的第一反应是他们对自己工作的质量不够自信。

　　我曾经碰到过一个年轻人来面试，他的简历非常优秀，但是显得有些过于低调，所以我反而更愿意相信他那种自认为成就平平的态度，而不是他简历上列出的辉煌成就。我最后没有聘用他，因为他的态度会给人的热情泼冷水。如果他能够更加积极一点的话，我就更有可能会信赖他。我再重复一下自己所说的意思——我相信他，但是并不信赖他。他的态度让他的优秀条件都蒙上了阴影。我不想见到那种靠吹牛来引人注意的人，但是那些自我贬低的人在我看来也是失败者，我不想这样的人进入我的团队。

　　如果你也要去参加面试的话，请牢记这一点，必须要把握好中间的分寸。也许你面试的对象很低调，不错，可以把这个优点记在脑中。大多数人见到别人身上的内涵，马上就能识别出来，但是人眉宇间透出的那种气度也同样重要。我刚才提到的这个年轻人或许换个别的岗位会合适，这一点我毫不怀疑。有时候，人能否互相吸引，很大程度上就在于是否意气相投。这种潜在的规律是聒噪以及内涵都难以代替的。一个人有没有这种气质其实一下子就能看出来。

37

我如果剃了光头，看起来会怎样？

——《摔跤狂热》

我很清楚，摔跤是当前很重要的一个体育项目。不过，正如我当年没有想过会成为《周六夜现场》的嘉宾主持一样，我也没有想到会受到《摔跤狂热》栏目文森·麦克曼的挑战，但是我确确实实收到了他下的战书。我觉得要记住的一点是永远不说"不"，而且永远也不要这样想。

我之前也从来没有想过会同意跟人打赌，如果我输了，就要把自己的头发给剃了。幸运的是我没有输，因此我无需改变自己那著名的发型，而且我的发型至今仍很出名。我有没有怀疑过自己会赌输？当然有啦。我所面临的挑战是保持信心，并相信自己能够获胜。超过81000人看到了发生的一切。

这是我进入的一个新战场。摔跤？我在大学期间曾经打过棒球，对它了解很多。但我对摔跤几乎是一窍不通，我想要知道自己到底在做什么。文森·麦克曼和我都会各自挑选一个摔跤手代表我们登台竞技。

在经过大量调研和反复考虑之后，我选择了鲍比·拉什利，而文森·麦克曼则选择了乌玛嘎，这两位都是大名鼎鼎的摔跤高手。

在比赛正式开始几天前，我们在特朗普大厦召开了一个发布会，会上就碰出了火药味。因为文森·麦克曼在会上对我百般奚落，因此我也毫不留情地撞了他一下，我们接下来看到的情况就是麦克曼倒在了地上。我的保镖赶紧上前，我们各自选定的摔跤手也摩拳擦掌，但是我们还是把真正的搏斗留在了摔跤场上。麦克曼之前跟我就是朋友，但是这次的争斗却是另一回事了。

这次摔跤吸引的观众人数几乎创下了历史纪录，《纽约时报》甚至用了很大版面给了一篇特写报道。这一次可真是万人瞩目呀，包括铁杆摔跤迷和几百万电视观众都好奇地关注着这场比赛。唐纳德·特朗普这一次要干什么？他真的会把自己的头发给剃了吗？

我也承认曾问过自己同样的问题：我到底在干吗？我这么干的目的是什么？这么做值吗？我很有可能会在众目睽睽之下被人剃去脑袋上的头发，估计有些人还会幸灾乐祸。不过，我发现自己非常喜欢这种挑战，虽然我自己不用上摔跤台，但这却是一次真刀真枪的较量。记得当时主办方给这场比赛冠了一个名字叫做"亿万富翁的较量"。文森·麦克曼是一个好人，也是一个成功的生意人。因为他本身就是一个摔跤高手，所以我有些担心自己怎样才能选出合适的摔跤手来赢他呢？

随着大家对这场比赛的关注程度越来越高，我知道自己是无法走回头路了，不成功便成仁，结局只有成或败这么简单了。我喜欢这种情形给我带来的兴奋感，这让人不禁心潮澎湃，而且觉得过得很开心。我已经和你说过很多次了，你一定要喜欢自己所干的事。毫无疑问，我非常喜欢自己所做的这件事。

取得比赛的胜利无疑就像尝到洒在蛋糕上的糖粉。自己的头发没有被剃我也感到万幸，这也让我明白有时候冒险是值得的。这也是我在公众面前冒的最大的一次险。值得吗？完全值得。我建议你自己也尝试几次类似的冒险。生活并不青睐胆小如鼠的人，生活的真谛是永不放弃。因此，昂首挺胸进入你的摔跤场吧！

38

如果你遭到了攻击，那就以牙还牙

——一本书和一场官司

如果你花了40年的心血苦心经营着一个全球品牌，某一天某个人出了一本书来贬低你的财富价值，并恶意毁坏你的形象和声誉，那这就是一个很严重的问题了。

《纽约时报》有一位记者名叫蒂姆·奥布莱恩，他写了很多篇关于我的负面报道。我不喜欢这个人，我也不认为他是个好作家，因为他引用的事例和现实偏差很大，他的文章总是那么阴暗。后来我听说他在写一本关于我的书，而且不论我配不配合，他都执意要写这本书。我觉得出于保护自己利益的考虑，还是主动配合他比较好，这样他能拿到第一手的准确资料。我已经知道他对于我而言可不是什么福星，但我还是很开诚布公地同他合作，给他采访时间，让他坐我的私人飞机同我一道旅行，这样我就可以给够他写书所需要的时间。我竭尽所能地去帮助他，在给他时间上也是非常慷慨。

过了不久，蒂姆·奥布莱恩写的《特朗普国度》(*Trump Nation*)出版了，我也意识到原来比坏消息更严重的是噩耗。蒂姆·奥布莱恩简直就是个卑鄙小人，他写这本书的用意就是要把我的声誉毁于一旦。我都不知道他在写些什么东西，因为他写的内容和事实相去甚远，但是我完全知道他写作的目的是什么：得到关注和金钱。但是通过写这种书来得到关注和金钱实在算不上君子。

这本书充斥着各种谎言，他的目的就是要毁坏我个人的声誉和我的生意。他当年作为记者的表现应当受到谴责，而他作为一个作家的表现也乏善可陈。我决定不去多琢磨了，就把它当成一个恶意小人出于嫉妒和贪婪的攻击罢了。我控告了他和出版商，让他们赔偿我一大笔精神损失费。这位作家确实得到他所希望得到的媒体关注度了，但是出版商却碰到了他们本不希望遭遇的官司和是非。他们不知道碰到的对手是会写出《永不放弃》，而且做事真的永不放弃的人。出版商的做法比蒂姆·奥布莱恩也高尚不到哪里去，因此他们应该承担后果。

这个世上的人是有高下之分的。我遇到过一些特别好的作家和记者，他们光明磊落，而且做事很敬业。尽管蒂姆·奥布莱恩之前在当《纽约时报》的记者时写过关于我的负面报道，我还是愿意把他往好处想，至少给他一个机会。其实，如果用他写的那么多关于我的负面文章来计算的话，我给他的完全不止一次机会。因此，那些想要诋毁我的人可以把这个例子当作警钟，他们会为此付出高昂的代价的。

例如，蒂姆·奥布莱恩有意地把我的资产减少了几十亿美元。他坚持称我的资产总额最多才几亿美元。事实上，《福布斯》杂志说过，保守估计，我的资产高达 27 亿美元。蒂姆·奥布莱恩完全能得到这些数据，但是他却视而不见。蒂姆·奥布莱恩不去选择相信这些事实，而是选用了不具名的数据来源来歪曲我的业务规模。作为对策，我邀请了《福布斯》杂志来做调查，他们一丝不苟地开展调查，确认了他们最初的结论，保守估计我的资产总额高达 27 亿美元。《福布斯》杂志公布了他们的调查结果，他们和我的团队这一次所花的时间和精力都是因为《特朗普国度》一书对我生意和业务的恶意中伤。2007年9月,《福布斯》杂志确认我的资产总额上升到了30亿美元。他们的这个估计还是偏保守的，比我的实际资产要低很多。

君子坦荡荡，小人长戚戚。另一位受人尊敬的记者兼作家罗伯特·斯莱特也写过一本关于我的书，名叫《根本不存在什么"媒体过度曝光"》(No Such Thing as Over-Exposure)。这本书取得了皆大欢喜的效果。我对待罗伯特·斯莱特其实远不及对蒂姆·奥布莱恩那样热情，但罗伯特·斯莱特是一位正人君子，因此最终的结果却很好。罗伯特·斯莱特口碑颇佳，曾经为《时代周刊》和《新闻周刊》当过多年记者，也是全球著名的经济人物传记作家。他似乎也明白，把事实搞正确是一个记者的天职。

我告诉帮蒂姆·奥布莱恩出书的那家出版商，如果不赔偿我一大笔精神损失费并向我真诚道歉，我是不会了结此案的。如果最终能让真相大白于天下，我并不在意支付一大笔诉讼费用，而蒂姆·奥布莱恩和这家出版社都在躲避真相。很多人说，有必要花费那么大精力吗？我认为，为什么要放弃呢？我是不会放弃的。我其实并不需要为了钱打赢这场官司，但我需要以正视听，并让其他喜欢造谣中伤的作者不那么容易就可以去哗众取宠或是从中赢利。我告诉他们这是我很期待的一场官司，因为我很想让真相大白于天下。

39

一个很棒的球场开始滑入太平洋了，该怎么办?

——位于加州帕洛斯福德的特朗普国家高尔夫球场

我经常说自己喜欢挑战，当我决定接手陷入困境的位于洛杉矶附近的帕洛斯福德海滨高尔夫球场时，这完完全全就是一个天大的挑战。在我谈到把这处高尔夫球场命名为特朗普国家高尔夫球场之前，我想还是把它称作海滨高尔夫球场为宜。高尔夫球杂志《球道和果岭》上有一篇文章把这个球场形容为和海洋融为一体的球场，不仅如此，那个正滑向太平洋的第18洞还花了6100多万美元。你能想象我在一个洞上花了6100万美元吗?你尽管相信吧!当我想要做成一件事的时候，我都会尽全力把它做好。

这一洞的造价是高尔夫球历史上最昂贵的。我也希望如此，因为我很难想象自己总要一而再、再而三地建造这么昂贵的球洞。但是如果你站在我的立场上去考虑问题，你就会发现在这个球洞上花的每一分钱都是值得的。这个球场前方两英里处就是太平洋，无论是在美景还是在球场的精致程度上，它都可以同旧金山著名的卵石海滩(Pebble Beach)球场相媲美。尽管在修缮之前这还没有成为现实，但我已经能预见到那一天的到来了，因此我就根本不在意到底要花多少钱。高尔夫球场都是艺术品，因此值得对它百般呵护。

159

特朗普国家高尔夫球场

和我的其他许多项目一样，这个项目也花费了数年时间。我知道这个高尔夫球场有潜力成为世界上最优秀的球场之一。但是，当海滨高尔夫球场于1999年对外营业时，灾难发生了，因为第18洞在向海边滑动，同时还把周边的3个洞给挤坏了，球道下面的水管线也被破坏了。这是很严重的损失，对于悬崖边的球场而言，塌方无异于一场噩梦，尤其是这片球场占地多达17英亩。突然间原来的18洞球场只有15洞可以用了。

这对于原来的球场老板而言就像晴天霹雳一样，他们在2002年时申请了破产。我也在当时决定出手，花了2700万美元买下了这片土地、会所以及高尔夫球场。如果考虑到我一个洞就花了6100万美元的话，那么这笔买卖还是挺划算的。不过，当时我面临一个艰难抉择，是要把球场修理完毕就行了（这本来就已经是一个很漂亮的球场了），还是要全力以赴地把它打造成这个世界上一流的高尔夫球场？

我想你也能猜得到我会怎样选择。尽管作出这样的选择并不容易，但这确实是最好的方案。我初步估算，把整个球场翻修，包括重建那个快要塌方的球洞需要耗费 2 亿 6500 万美元。那么一个洞要花费 6100 万美元又是怎么计算出来的呢？因为在这个洞旁边要建起护墙，材料用的是帕洛斯福德当地的岩石，价格是 600 美元一吨；在这个洞下面将建起支架，这就意味着从悬崖往下每隔 10 英尺就会建起一个钢筋混凝土平台，这能给这个洞提供强力支撑。这项工程需要非常精心准备才行，同时难度也很大。

实话实说，当初要在一个洞上花那么多钱我也曾经犹豫过。不管你多么富有，那都是一笔巨额投资，而且这项工程的难度之大也可想而知。不过，我的做事方法倒是可以推荐给你，那就是要关注解决方法，而不要去关注问题本身。我把注意力放在了问题解决之后的理想结果上，而最后这种理想结果真的就出现了。我也有过疑虑，怀疑我这种"目标远大"的做事习惯这一次会不会碰钉子，不知道这一次结果如何。我觉得自己喜欢建在悬崖上的高尔夫球场，因为修缮这样的球场恰恰能够给我这样一种命悬一线的感觉。

让我感到欣慰的是，我请来了著名高尔夫球场设计大师皮特·戴，让他来操刀把海滨高尔夫球场重建成一个能和卵石海滩相媲美的球场。如果在高尔夫球场设计界有人能做到这一点的话，那就非皮特·戴莫属了。我想要把这个球场打造成最棒的，因此我们进行了重新设计。这个球场最后焕然一新了，我们能见到瀑布和一个很棒的练习场。为了建造这个练习场，我不得不把 30 栋小楼推倒来腾出足够的空地。这也就意味着要花费我 3 亿美元，因为这里的每栋小楼都能给我带来 1000 万美元的收入，这些都是事先要考虑到的因素。球场上的水障、沙地、开球区以及球道都是全新的。球场上的沙带区我想用碾碎的大理石，这个费用之高是可想而知的，当然我也希望能够得到理想的回报。在这个过程中我感到很享受，但是我所花的努力和费用能够得到补偿吗？我的这些努力会不会只是很好的体验，但是最终却无法给我相应的回报呢？

在这里，我不得不说做任何事都不可能会有十足的把握。人们见我业已取得的成功，就以为对我而言成功不费吹灰之力。事实并非如此，我要花很多时间进行评估、再评估、分析和审视。那些以为我成功易如反掌的人根本没有留意到我在这些方面所花的努力。在做决定的时候，还有另一层因素是需要考虑的，那就是我的经验。我从事房地产开发多年，因此作很多决定对于我而言已经习惯成自然了，并不需要我绞尽脑汁。一旦我完成了基础性的调研工作之后，作决定就非常快了，但是首先脑子里要形成一个规划。你也要确保在作任何事的时候，脑子里都要有足够的准备和经验，这样一来你在做决定的时候就能够比较果断并富有创造力。

重新修建这座高尔夫球场后，还有很多细节也是值得注意的。在占地 40000 平方英尺的俱乐部里，有一家餐厅得到过金凤凰奖（最佳新餐厅）和金巴克斯①奖（最佳酒单），高尔夫球场本身也成了加州最受欢迎的球场。每年 4 月，麦克尔·道格拉斯名人高尔夫邀请赛也在这里举行。洛杉矶的特朗普国家高尔夫球场在各方面都算得上是大获成功了。之前你或许以为它都要塌方了，但是永不放弃的精神涌上了我心头，我几年前就关注到了这处地产的潜力，虽然知道它可能会遭遇塌方的惨剧，但是我想要把它打造成一处美丽的人间天堂。有远大的目标？这真是一个不错的点子。

---

① 巴克斯是古罗马神话中的酒神。——译者

40

拥有国际化思维

你已经听我说过了解国际局势，包括熟悉国际政治和金融新闻的重要性。我想向你推荐一本书，就是 2007 年出版的马克·佩恩所著的《小趋势：决定未来大变革的潜藏力量》(*Microtrends：The Small Forces Behind Tomorrow's Big Changes*)。马克·佩恩是备受尊敬的一位分析家，曾为多家《财富》500 强企业以及很多外国政要担任过顾问。他对塑造我们未来的国内外趋势具有深刻的洞察力。比尔·盖茨曾经说过："佩恩头脑敏锐，对于美国以及世界的运行机理洞见非凡，你在他写的每一页文章上都能体会到他的这种思想张力。"

佩恩在书中有一章专门是论述在国外的买房者的。因为我从事房地产行业，所以对他的这番表述很感兴趣。佩恩敏锐地指出，国外民众在美国拥有房产已经成为了一种方兴未艾的趋势。国际化已经扫清了原来分隔国内和国际市场的樊篱，它的一个结果就是富裕的外国人被吸引到了美国房地产市场。我在几年前就意识到了这一点，佩恩在书中指出：

在纽约市，唐纳德·特朗普是将这个城市向国外开放的重要推动力之一。以前纽约市的大多数房子都是商业公寓，由于出售房子的开发商可以因为任何理由拒绝购房者，他们对那些经常不在美国呆着的国外住房者会尤为谨慎。但是，特朗普集团首创了酒店式公寓的概念，而出售酒店式公寓的管制相比于商业公寓就要宽松得多，因为通过这种方式公司提供的仅仅是单独的公寓，而非整个公寓楼产权的一部分。现在大多数新盖的楼都是酒店式公寓，因此大量的国外买家就一拥而入了。

我们在想问题时，很重要的一个考虑角度就是现在世界经济的关联度越来越大，没有人能够再躲进世外桃源了。多年以来，很多美国人都在国外有第二处房产，现在正如佩恩所指出的那样，这个趋势也登陆美国了。这种做法对于世界而言并不是什么新事物，但是对于美国而言却还是新鲜元素。我认为这是未来一种新趋势的征兆，几年前当我第一次推出酒店式公寓的时候，我就知道这是顺应时代潮流的。

我想表述的核心观点就是，多年来我一直在关注国际局势，对于我而言预见到这种发展趋势并不是一件难事。我虽然不是一个先知，但是我花了很多时间来掌握大量信息。你能够而且也应该这样做。花一些时间来了解国际形势，看书，并成为一个弄潮儿。追赶潮流会浪费你的时间，相反，做事富有预见性能帮你省下很多时间。关注全球，你会发现自己能够领跑这个时代。

41

别人的失败正是你成功的契机

——华尔街故事

有时候，会有人问起我在做过的项目中，最喜欢的是哪一个。我可以选择的项目很多，但是买入华尔街 40 号的地产在我心中一直具有特别的意义。这不仅仅是因为它所处的位置是曼哈顿的金融中心，也是因为买入这块地产的时机让人觉得就像是天注定的一样。我并不是说买到它很容易，但是恰恰因为它不容易，我才愿意把它当成一个经典的案例，用来告诉你困难和挑战如何能给你的人生增加内涵。

华尔街 40 号不仅是曼哈顿下城区的最高大楼，而且也是一座总面积达 130 万平方英尺的地标性建筑。我当年用了 100 万美元就把它给买下了。即便是对房地产行业了解很少的人也会知道这个价钱很低。我来告诉你这笔买卖背后的故事，因为这很有意思，也能够向你展示所谓的一夜暴富的神话。我关注这栋大楼已经几十年了，因此在采取行动之前我对它已经很了解了。

在上世纪 60 年代和 70 年代，华尔街 40 号大楼的各个楼层都被租出去了，这是很热门的一处地产。在 80 年代早期，菲律宾前总统费迪南德·马科斯把这处地产给买了下来。不幸的是，菲律宾

华尔街 40 号大楼

爆发的一场革命使得马科斯要集中精力在后院灭火，因此，华尔街40号的这栋高楼就衰败了下去。生意变得一塌糊涂，很快整个局面也变得一团糟。马科斯退出了。

后来，在房地产业颇有声望的纳斯尼克斯家族想要收购华尔街40号，但是在长时间的谈判之后，大家都能看出来纳斯尼克斯家族和他们的伙伴花旗集团是没法拿下这笔单子的，华尔街40号的归属又变得扑朔迷离了。纳斯尼克斯家族不太走运，因为他们聘请的银行家是我所见过最笨的人，帕翠夏·戈登斯坦。但是，对于我而言这可是一个好消息。这个时候我非常想向华尔街40号进军，但当时是90年代早期，并不是好时机。当时的房地产市场并不景气，而且我自己的财务状况也陷入了泥潭。我抱有自己要买下这栋大楼的梦想，但似乎觉得这个梦想将成为难以实现的奢望了。我想这个案例能给那些有过类似的放弃梦想经验的人提供很好的借鉴。正当我要放弃自己梦想的时候，发生了一件事。

来自香港的佳新集团（Kinson Company）宣布他们买下了华尔街40号。他们做了一笔很好的买卖。当他们收购完毕后，我给他们打了电话想要询问有没有合作的可能。结果，他们对于我提出的让华尔街40号成为另一座曼哈顿城中心的特朗普大楼（带有中庭）的提议并不感兴趣。他们对于该怎样处置这栋72层的钢铁高楼似乎还丈二和尚摸不着头脑。这让我感到很震惊，同时也给了我一线希望，因为虽然他们买下了大楼，但是他们并不知道自己到底在干些什么。对于一家面对手中的摩天大楼而完全不知道该如何行事的公司而言，他们对这家大楼的拥有权又能持续多久呢？

佳新集团的表现证明他们在翻修、经营以及出租纽约的摩天大楼方面缺乏经验。首先，他们不是一家房地产公司，而是一家服装企业，他们在华尔街40号上砸了几千万美元，但是却没有见到什么成效。他们和租户、承包商、供货商、建筑师，甚至和这栋大楼的土地所有者亨内伯格家族的关系处理得都不融洽。最后，他们想要退出了，就给我打了电话，这真是让我喜出望外。

佳新集团在3年时间中耗费精力和金钱干着自己不熟悉的业务，这确实给他们带来了重创。当时是1995年，市场依旧不那么景气，佳新集团想要退出也是在情理之中的，而且他想要尽快地悄然出局。因为他们自己的绝望情绪，我当时处于非常有利的境地。我和他们之间展开了谈判，我开出的报价仅仅为100万美元，还要和他们讨论留置权的问题。而且，我答应这笔交易还有一个前提，就是要同亨内伯格家族重新谈判土地租约。

毫无疑问，佳新集团完全同意我开出的条件，他们显然只想尽快出局，越快越好。尽管佳新集团损失惨重，但是纽约房地产行业的现实就是如此，如果你不熟悉某个领域，最好不要贸然进入。这也是我们需要铭记的一条很好的教训：你要了解自己到底进入了哪片领域，尤其是如果这个行业你不熟悉的话，你必须要做详细的尽职调查。

我接下来做的就是给德国的沃尔特·亨内伯格打电话，并飞过去和他见面。我和亨内伯格家族相处得非常愉快，他们也很高兴地发现，在一连多个经营失败者之后，我是一个把他们的大楼放在最重要地位的生意人。他们是一个伟大的家族，他们也知道我热爱这栋大楼，知道我会竭尽所能地去恢复大楼应有的荣光。我们重新签署了这栋大楼的土地租约，把租赁时间延长到了200年。这份租约有所更新，这让各方都能够最大化地受益。不过，你也要记住，到达这一步是需要花费大量时间的，绝对不是在一夜之间就成功的。多年来，我在这块地产上一直坚忍不拔地投入了大量心血。

接下来我面对的问题就是该怎样处置这栋大楼了。似乎所有懂行的人给我的建议都是把它变成一栋住宅。但是，我内心的感觉是要把它变成一栋非常成功的商业大楼，因为华尔街本来就是很棒的一个商业世界，因此我没有因为大家的建议而让步。事实证明我当年的决定是明智的，这栋大楼生意繁荣，很多世界一流公司都想在里面占有一席之地。

不仅如此，在我买入华尔街40号不久，房地产市场就开始复苏了，纽约市中心无论是商业大楼还是住宅开发都蒸蒸日上。对于我而言，买入华尔街 40 号的时机是再理想不过了。我是不相信奇迹的人，但是这笔交易在我看来却是近乎奇迹了。

华尔街 40 号每年给我带来的租金收入高达 2000 万美元，现在这栋大楼价值 5 亿美元，鉴于这是我用 100 万美元做的交易，这笔买卖真的是很划算。我不仅拥有了曼哈顿下城区最漂亮的一栋楼，而且还能赚进一大笔钱。你来过华尔街 40 号的特朗普大厦吗？如果你曾经来过，那你就会知道我为什么感到这么自豪。华尔街是无与伦比的，这栋大楼也是美轮美奂的。

特朗普心得
——让生命绽放奇迹

没有什么目标是可以一蹴而就的。有时候，你必须要咬紧牙关，也要有足够的耐心。

要善于发现机会，很多时候机会都隐藏在问题、僵局或是失败之中，尤其是别人的失败当中孕育着成功的契机。你所遭遇的每一次挑战和障碍都是潜在的机遇。要有远大的理想和创新的思维，这样你就能抓住这些机遇。

你也不要忘记自己内心深处的想法，它的存在是有道理的。

附录 *1*

特朗普的 10 条成功法则

如果你曾经听过我演讲，你会注意到我反复提到一些成功法则，永不放弃是一条，富有激情是一条，集中精力也是一条，保持活力是第 4 条。这些都是我从实践中提炼出来的成功法则。

下面是我在大学演讲时会列出的完整的 10 条成功法则：

1. 永不放弃！不要惬意地躺在舒服的地方睡大觉。骄傲自满容易让你一事无成。

2. 富有激情！如果你热爱自己的事业，那么它就不会枯燥乏味。

3. 集中精力！扪心自问：我现在脑子里应该想些什么？排除干扰。在这个时代，需要你应付的往往有好几项任务，因此抗干扰是一个很值得你具备的技巧。

4. 保持活力！倾听、领悟、前进。不要耽搁。

5. 把自己看成一个常胜将军！这会让你把注意力集中在正确的方向上。

6. 坚忍不拔！百折不挠会催生奇迹。

7. 享受好运！常言说的"天道酬勤"是完全正确的。

8. 相信自己！如果连你都不相信自己，那么没有人会相信你。

171

你不妨把自己想象成是在孤军奋战。

9. 扪心自问：我的盲区在哪里？尽管有些事看起来并不那么理想，但是也许中间孕育着很好的机会。艰难的逆境也能变成伟大的胜利。

10. 把注意力集中在解决之道上，而不要抱怨出现的问题。不要轻易放弃，永远不要随便说放弃。这个观念值得说上千百遍，也值得你去记住并践行。这一点至关重要。祝君好运！

附录 *2*

特朗普谈判法则

谈判是一门艺术，中间有一些细微的技巧是需要留心揣摩的，下面我就列出了一些：

- 知道你在干什么。这话听起来简单，但是我见过很多谈判对手对我知之甚少的情况。我意识到，因为他们的准备不充分，我可以很快就赢下这场战役。我父亲过去经常对我说："对你所做的事情知道得越全面越好。"他说得完全正确，我也给你一样的建议，你不妨照做。

- 记住，大智若愚。这是一个很好的办法，能帮你看透有什么是你的谈判对手不知道的，也能帮你了解到他们是不是在威胁你。

- 比谈判对手多一点竞争优势。谈判对手不知道的东西并不会伤害到你，他们的这种知识缺陷以后可能反而能让你占据上风。知识就是力量，自己能做多少知识储备就尽量多做一些。

- 相信直觉。在谈判过程中有很多情形并不是非黑即白的，因此你要相信自己的直觉。把直觉和自己所做的准备工作相结合，这样你就能在谈判中占得先机。

- 不要被自己的期望束缚了手脚。谈判并没有固定的成规，有时候在谈判的过程中如果有新的事情发生，我就会改变自己的谈判思路。即便你认为自己完全知道想要什么，你也要用包容的态度来接纳新的想法。这种态度也给我提供了之前没有想到过的新机遇。

• 知道什么时候说不。这现在已经成为我的本能了，我想我们都知道内心苦苦挣扎的那种感觉，你要留意自己内心的这种讯号。

• 百般耐心。有几笔生意我曾经苦苦等待了好几十年，它们都是值得等待的。不过，你要从最初就确定等待的对象是值得为之花费那么多时间的。

• 为了加快谈判速度，可以装出漠不关心的样子。如果你显露出这种态度的话，就能窥探出对方是否想要急迫地推进谈判进程。

• 记住最好的谈判是能让各方受益。这是可以争取到的最理想情况。让那些知道什么叫诚信的人受益，你也是在为以后的生意打基础。

总而言之，我想说谈判是一门艺术。所有的艺术都需要自律和技巧去呵护，如果你能够融入一点想象力的话，就能够让自己的艺术境界超凡脱俗。如果你有潜力成为一个杰出的谈判高手，那就不要满足于只当一个平凡的谈者。在这门艺术上花够时间，它也会给你带来丰厚的回报。

图书在版编目(CIP)数据

永不放弃:特朗普自述/(美)特朗普(Trump,D. J.),
(美)麦基沃(Mclve, M.)著;蒋旭峰,刘佳译.
—上海:上海译文出版社,2016.4(2019.6重印)

书名原文:Never give up:How I turned my biggest
challenges into success

ISBN 978 - 7 - 5327 - 7176 - 9

Ⅰ.①永… Ⅱ.①特…②麦…③蒋…④刘… Ⅲ.①特朗普,
D. J.—自传 Ⅳ.①K837.125.38

中国版本图书馆 CIP 数据核字(2016)第 028137 号

Donald J. Trump, Meredith Mclver
Trump Never give up: How I turned my biggest challenges into success
by Donald J. Trump and Meredith McIver
Published by John Wiley & Sons, Inc.
All rights reserved. This translation published under license

图字:09 - 2008 - 489 号

永不放弃——特朗普自述

[美] 唐纳德·特朗普 著 蒋旭峰 刘佳 译
  梅瑞迪丝·麦基沃

责任编辑 / 范炜炜 装帧设计 / 张志全工作室

上海译文出版社有限公司出版、发行
网址:www.yiwen.com.cn
200001 上海福建中路 193 号
上海信老印刷厂印刷

开本 890×1240 1/32 印张 6 插页 2 字数 87,000
2016 年 4 月第 1 版 2019 年 6 月第 18 次印刷
印数:222,601—242,600 册

ISBN 978 - 7 - 5327 - 7176 - 9/K · 249
定价:38.00 元